EL CIELO

SU ESPERANZA;
SUS HABITANTES;
SU FELICIDAD;
SU CERTIDUMBRE;
SUS RIQUEZAS;
SUS RECOMPENSAS.

Registrar Este Libro

Beneficios de registrar el libro*

- ✓ GRATIS **Reposición** de libros perdidos o dañados.

- ✓ GRATIS **Libro en Audio** - *Pilgrim's Progress*, edición en audio.**

- ✓ GRATIS Información de libros nuevos y otros **obsequios**.**

www.anekopress.com/new-book-registration

*Ver en nuestra página web las condiciones y limitaciones.

**Estos recursos se encuentran solo en inglés

EL CIELO

Dónde está; sus habitantes;
cómo llegar allí

ANEKO
PRESS

Nos encanta escuchar de nuestros lectores. Por favor contáctenos en www.anekopress.com/questions-comments para cualquier pregunta, comentario o sugerencia.

Heaven – Dwight L. Moody
En Español: *Cómo El Cielo*
Edición Actualizada Copyright © 2023
Primera Edición publicada en 1882 por Imprenta de la Iglesia Metodista Episcopal. Calle de Gante, Número 5.

Fotografía de la Portada: Somsak Nitimongkolchai/Shutterstock
Traducción: T. Bernal
Edición y Revisión: G. Sandoval

Aneko Press
www.anekopress.com
Aneko Press, Life Sentence Publishing, y nuestros logos son marcas de Life Sentence Publishing, Inc.
203 E. Birch Street
P.O. Box 652
Abbotsford, WI 54405
RELIGION / Christian Life / Inspirational
Paperback ISBN: 979-8-88936-264-7
eBook ISBN: 979-8-88936-265-4
10 9 8 7 6 5 4 3 2 1
Disponibles donde se venden libros.

Contenido

Y la ciudad no necesitaba sol ni luna, para darle luz; porque la gloria de Dios la iluminó y el cordero era su luz. (Apocalipsis 21:23)

Prefacio

Este pequeño libro, sobre un tema para mí muy querido, ha sido, cuidadosamente revisado y lo doy al público con la esperanza de que suministre consuelo y edificación a muchas almas: que los débiles sean fortalecidos, los afligidos sean consolados y los tristes cobren fuerzas para mirar con mayor fe hacia aquella ciudad, bella entre las bellas, situada en la "Patria Mejor," mansión del Redentor y de los redimidos.

El único motivo que me inspira, es ofrecer palabras de consuelo a cuantos las necesiten.

Dwight L. Moody
Northfield, Mass, 1880

¡Oh quién en Ti morara!
　　¡La celestial Sion,
Del redimido patria
　　Y alcázar de mi Dios!
Allí sin inquietudes,
　　Sería mi canción
Una Aleluya eterna,
　　Al Rey, mi Salvador.

¡Oh quién allá morara!
　　Tu pronta aparición
Estrella Matutina,
　　Espero con ardor.
Tráeme alegres nuevas,
　　Del día en que en Sion
Veré en su plena gloria
　　Al Rey, mi Salvador.

¡Oh quién allá morara!
　　Prodúceme aflicción
Pensar que aún al mundo
　　Tan apegado estoy.
Las cuerdas que te atan,
　　Quebranta, corazón,
Y sube a la presencia
　　Del Rey, mi Salvador.

¡Oh quién allá morara!
    Mi agradecida voz
Alegre cantaría
    Los himnos de Sion;
Y allá, do resplandece
    En dia eterno el Sol,
Vería en su hermosura
    Al Rey mi Salvador.

Srta. F. C. Armstrong

CAPÍTULO 1

LA ESPERANZA

Muchas personas suponen que lo que se dice del cielo no es más que pura especulación. Hablan del cielo como de la atmósfera. Pero si Dios hubiera querido que sus criaturas ignoraran del todo este asunto es seguro que no habría sido tan explícito acerca de él en las Sagradas Escrituras. Nos consta que toda Escritura es inspirada por Dios y útil para doctrina, para represión, para admonición, para instrucción en justicia y para que el hombre de Dios sea perfecto y enteramente instruido para toda buena obra. Lo que la Biblia dice acerca del cielo es tan cierto como lo que dice sobre otro asunto cualquiera. Es inspirada. Lo que aprendemos en ella con respecto del cielo no pudiera habernos llegado por otro camino sino el de la inspiración. Tan sólo Dios conoce lo que existe allí, por tanto, si queremos saber algo acerca del mismo, preciso nos será acudir á su Palabra. El Doctor Hodge, de Princeton (EE. UU.) dice que la evidencia más indubitable de que la Biblia es la Palabra Divina, se encuentra en la propia Biblia. Ella se comprueba a sí misma. En esto es semejante a Cristo, cuyo carácter proclamaba la divinidad de su persona. Por medio de lo que Él hacía, Cristo se mostró superior al hombre. Por medio de las mismas palabras de la Biblia se prueba que ella es algo más que un simple libro humano. Sin embargo, no creemos que la Biblia es inspirada tan solo porque sea una obra escrita con talento más que humano, ni porque sobrepuje a las de Shakespeare o a las de cualquiera otro autor, ni porque su conocimiento del carácter del hombre sea lo más profundo que puede darse, ni en fin, porque su elocuencia aventaje en sublimidad a cuanto pueda pensarse.

Las ideas de los hombres difieren acerca del grado de perfección que pueden alcanzar la ciencia y el poder humanos, pero la razón porque creemos ser inspirada la Biblia es tan sencilla que el más humilde hijo de Dios puede comprenderla. Un hombre sencillo y sin cultura, acaso no podría asentir a una prueba que se fundase únicamente en la sabiduría de este divino libro. Creemos que es inspirada porque nada hay en ella que no pueda haber emanado de Dios. Dios es sabio y Dios es bueno. Nada hay en la Biblia que no sea sabio, y nada hay en ella que no sea bueno. Si algo contuviese opuesto a la razón o a nuestra conciencia, entonces tal vez creeríamos que la Biblia era igual a los libros escritos por el hombre. Los libros que son puramente humanos contienen mucho de insensato y mucho de impuro, lo mismo que las vidas puramente humanas. Sólo la vida de Cristo fue perfecta, siendo a la vez humana y divina. Ninguna de las obras, como el Corán, que se dicen ser de origen divino, está de acuerdo con el sentido común. En la Biblia nada hay que no esté conforme con el sentido común. Lo que ella dice de la destrucción del mundo por medio de un diluvio y de la salvación de Noé y su familia, no es más sorprendente que lo que se enseña en las escuelas, es decir, que toda la tierra que vemos y todo lo que en ella existe, emana de un globo de fuego. Es mucho más fácil creer que el hombre fue creado según la imagen de Dios que creer que una vez fuera mono, según lo que algunos enseñan hoy día.

Lo mismo que todas las demás obras de Dios, este libro lleva el sello indubitable de su autor. Es parecido a Él. El hombre arroja la semilla a la tierra, Dios hace las flores y son perfectas y hermosas como Él mismo. Los hombres escribieron el contenido de la Biblia, pero la obra es de Dios. Así como mientras más alto es el grado de cultura de una persona, tanto más aprecio hace de las flores; así también el amor hacia la Biblia aumenta a medida que crece su rectitud y su bondad. El amor hacia las flores ennoblece al hombre y el amor hacia la Biblia le hace mejor. Todo lo que contiene la Biblia acerca de Dios, del hombre, de la redención y del estado futuro, está de acuerdo con nuestras ideas de lo justo, con nuestros temores razonables y con nuestras experiencias personales. Los acontecimientos históricos se nos refieren en la misma forma en que sabemos que el mundo de aquella edad acostumbraba estimarlos. Lo que la Biblia dice con relación al cielo no es, con mucho, tan sorprendente como lo que el profesor Proctor, célebre astrónomo, afirma acerca de las innumerables estrellas que están fuera del alcance de cualquier telescopio; y sin embargo de esto, es frecuente creer que toda la ciencia es verdadera y que la religión tan sólo es producto de la fantasía. Muchas personas creen que Júpiter y muchos otros planetas están habitados, pero no pueden persuadirse que haya una vida más allá de este mundo para las almas inmortales. El verdadero cristiano coloca la fe sobre la razón y estima que la razón yerra cuando se aparta de la fe. Si se leyera más la Biblia y se estudiara lo que ella contiene acerca del cielo, los hombres no serían tan mundanos como actualmente son, ni pondrían "la mira en las cosas de la tierra," sino buscarían las cosas imperecederas de arriba.

LA TIERRA ES LA MORADA DEL PECADO

Sumamente razonable nos parece que Dios nos haya ofrecido una ligera ojeada de la existencia futura, pues a cada paso la muerte nos arrebata nuestros amigos y el primer pensamiento que nos viene es: ¿A dónde han ido? Cuando perdemos a un ser amado, ¡con cuánto fuerza se nos presenta esta idea! ¿Le volveremos a ver? y ¿dónde y cuándo será? Entonces acudimos a este bendito libro, pues ningún otro hay que pueda darnos el más ligero consuelo, ningún otro que pueda decirnos a dónde han ido aquellos a quienes tanto amábamos.

Hace poco me encontré con un antiguo amigo, le di la mano y le pregunté por su familia.

Las lágrimas corrieron por sus mejillas y me dijo: ¡No tengo familia ya!

- ¡Qué! ¿Su esposa ha muerto?

- Sí.

- ¿Y los hijos también?

- Todos murieron, y yo he quedado solo y triste.

¿Quién pretendería quitarle la esperanza consoladora de que los volvería a ver? ¿Quién pretendería persuadirle de que no hay un mundo futuro donde hallaría a esos amados seres?

No: no debemos olvidar a nuestros deudos. Debemos abrigar siempre la esperanza firme de que llegará un día feliz en que nos reuniremos sin pena ni dolor para ser eternamente bienaventurados en aquella mansión de eterna luz, donde el alma bebe a torrentes de las fuentes del amor que emanan del alto trono de Dios.

No hay nadie que, en lo íntimo de su corazón, no sienta vivas aspiraciones hacia lo porvenir. Se dicen a sí mismos:

"Dime ¡oh alma mía!
Dime, Esperanza y Fe.
¿No hay algún lugar de reposo
Del dolor, del pecado y de la muerte?
¿No hay algún feliz hogar
Donde los mortales sean benditos,
Donde la pena halle su bálsamo,
Y el cansancio su descanso?
La Fe, la Esperanza y la Caridad, dones
mejores concedidos a los mortales,

Agitando sus relucientes alas,
respondieron:
¡Sí, en el Cielo!"

Algunos hombres incrédulos dicen que no hay cielo. Hablando yo en cierta ocasión con uno, me dijo que nada había que pudiese justificarnos la creencia en otro cielo distinto al que tenemos en este mundo. Si esto es el cielo, a la verdad es bastante imperfecto, supuesto que no es otra cosa más que un mundo lleno de enfermedades, dolores y pecados. Compadezco desde el fondo de mi corazón al hombre o la mujer que crean en semejante cosa. Este mundo, que tantos dicen ser el cielo, es la morada del pecado y un hospital de dolor, un lugar que no tiene nada que satisfaga al alma. Los hombres viajan por todas partes de él y desean abandonarlo. Miéntras más uno conoce el mundo menos lo estima, y los hombres se hastían pronto de los mejores placeres que pueda él proporcionarles. Alguien ha dicho que el mundo es un mar tempestuoso, sobre cuyas ondas flotan los despojos de los pobres náufragos que han perecido en su seno. Cada vez que respiramos muere alguien. Harto sabemos que nuestra permanencia en medio de él, será fugaz, que nuestra vida no es sino un soplo, una sombra. Nos encontramos, como alguno ha dicho, nos saludamos, pasamos y desaparecemos. Otro afirma que se nos da un ápice de tiempo, y en seguida se suceden las edades de la eternidad. Me parece, pues, en vista de esto, sobremanera razonable que estudiemos este libro para saber a dónde vamos y en dónde están los amigos que nos han precedido. La más larga vida, comparada con la eternidad, es como una gota de rocío comparada con el océano.

LAS CIUDADES DEL PASADO

Mirad las ciudades del pasado: He aquí Babilonia, fundada por Semíramis, quien empleó dos millones de hombres por muchos años en su construcción; hoy no es sino polvo. Hace cosa de mil años cierto historiador dijo que aún existían los escombros del palacio de Nabucodonosor, pero que todos temían acercarse a ellos, porque las víboras y escorpiones pululaban allí. Tal es la ruina en que con frecuencia se convierte la grandeza de nuestros días. Nínive ya no existe; sus torres y fortalezas están destruidas; el viajero que busque Cartago, apénas puede hallarlo. Corinto, antiguamente centro del lujo y de las artes, no es más que un caos de disformes ruinas. Éfeso, por largo tiempo la metrópoli del Asia, el París de su época, llena de edificios tan gigantescos como el Capitolio de Washington, hoy parece más bien un cementerio.

Pequeños fragmentos de las antes grandiosas y bellas ciudades conocidas con los nombres de Herculano y Pompeya, se venden hoy como reliquias en las tiendas.

Jerusalén, antes una de las mayores ciudades del universo, no es hoy más que sombra de lo que fue.

Tebas, que por algunos miles de años, casi hasta la venida de Cristo, era la más grande y la más rica población del mundo, ahora no es más que un monton de escombros. De Atenas y de otras ciudades orgullosas de los tiempos antiguos, poquisimo nos resta que pueda testificarnos la historia de su destrucción. Dios pasa su arado sobre ellas y quedan a semejanza de un campo surcado.

He aqui, dice Isaías, *que las naciones son reputadas como la gota de un acetro y como el orín del peso; he aquí que hace desaparecer las islas como un polvo. Como nada son todas las gentes delante de Él, y en su comparación serán estimadas en menos que nada y que lo que no es.*

¡Mirad la caída de Antioquía! Cuando Pablo predicaba allí era una soberbia metrópoli. Había en la ciudad una avenida de tres millas de largo atravesándola, y aquella estaba adornada de innumerables columnas y galerías cubiertas; en cada esquina se veían estatuas que conmemoraban a sus hombres ilustres, cuyos nombres apenas hemos oído. Estos ya no se mencionan, pero aquel pobre predicador, hacedor de tiendas, San Pablo, que la visitó, se nos presenta como el más sublime carácter de la historia. Allí lo mejor del arte griego decoraba los altares de los templos, y sus baños y acueductos eran de tal magnificencia que aún hoy día no tienen rival.

Los hombres entonces, lo mismo que ahora, buscaban honores, opulencia y renombre, intentando esculpir su gloria en la fragilidad de un barro deleznable y perecedero.

Dentro de sus muros, se nos dice, se encerraban cerros de más de 200 metros de altura, precipicios rocallosos, y profundas cimas, cuyo aspecto daba a esa ciudad un carácter fiero y pintoresco a la vez, que no ha sido igualado en ninguna otra de los tiempos modernos. Los cerros estaban fortificados maravillosamente y producían efectos grandiosos y sorprendentes. Los habitantes de esa hermosa ciudad, que en sus límites combinaba todo el arte y la cultura de Grecia con la ligereza, el lujo, y la superstición de Asia, se ocupaban con todo el ardor posible de los placeres y pasatiempos, lo mismo que acontece hoy en nuestras grandes ciudades. Tenían sus espectáculos, sus juegos públicos, sus carreras y bailes, sus hechiceros, sus oráculos, sus bufones y sus magos, y el pueblo entero buscaba con ansia en los teatros y procesiones algo que estimulase y halagara al propio tiempo los deseos más corrompidos de su alma.

Hoy las masas de nuestras grandes poblaciones hacen casi lo mismo. Antioquía estaba aún más pervertida que Atenas, puesto que el llamado culto que celebraba no solo era idolátrico, sino que también estaba torpemente mezclado con las pasiones más groseras que pueden degradar al hombre. Allí fue donde Pablo comenzó a predicar las buenas nuevas del Evangelio de Cristo; donde primero se dio el nombre de *cristianos* a sus seguidores, título considerado entonces desdeñoso, pues anteriormente se les denominaba *santos* o *hermanos*. Con razón se ha dicho que de aquella fuente brotó un gran torrente cuyas aguas han regado todo el mundo. Ni Astarté, "Reina del Cielo," a quien ellos adoraban, ni Diana, ni Apolo, ni el Fariseo, ni el Saduceo, existen ya, pero aquellos humildes y despreciados cristianos viven aún. Aquella ciudad pagana que rechazó el cristianismo ha caído.

Las ciudades en que no están bien arraigadas las influencias regeneradoras y fortalecedoras del

cristianismo, rara vez gozan de una prosperidad dura-
dera; la luz de su gloria palidece con el trascurso de
los siglos. Antioquía duró por casi mil años, pero al
fin desapareció.

VAMOS A EMIGRAR

No me parece mal pensar y hablar del cielo. A mí me
gusta considerarlo como determinado lugar e infor-
marme de él. Espero vivir allí por toda la eternidad. Si
yo tuviese que emigrar de aquí a otro país para fijar en
él mi residencia, preguntaría y procuraría saber todo lo
posible en relación a su clima, a sus habitantes y todo
cuanto a él hiciese referencia. Si alguno de vosotros
tuviera que abandonar su patria, sin duda haría lo mismo.
Pues bien, dentro de poco nosotros todos nos vamos
de aquí a un país lejano; vamos a vivir para siempre
en otro mundo, mundo grande y glorioso donde Dios
reina. ¿Será pues extraño que miremos y escuchemos,
y queramos saber quiénes están allí ahora y cuál es el
camino que debemos tomar para llegar allí?

Poco después de mi conversión me preguntó un
ateo un día que por qué miraba yo hacia arriba cuando
oraba. Dijo que el cielo no estaba ni arriba ni abajo, que
estaba por todas partes. Aquello me confundió bastante,
y de aquí resultó que otra vez que fui a orar; me parecía
que mi plegaria se la llevaba el aire. Desde entonces he
conocido mejor la Biblia y he comprendido que el cielo
está arriba de nosotros, que está hacia arriba y no hacia
abajo. El Espíritu de Dios está en todas partes, pero Dios
está en el cielo, y el cielo está arriba. No importa en qué

parte del mundo estemos, siempre el cielo está arriba de nosotros. Consta en el capítulo 17 del Génesis que Dios *subió* después de hablar con Abraham; también en el cap. 3 de San Juan consta que el Señor *descendió* del cielo. Hallamos en el cap. 1. de los Hechos que Cristo ascendió, no descendió, al cielo, y una nube le escondió de la vista de los apóstoles. Por lo tanto, el cielo está arriba. La misma disposición del firmamento en derredor de la tierra, demuestra que el trono de la gloria de Dios está sobre nosotros. Dice Job, *Dios no cuide de él desde arriba;* el Salmista dice, *Alto sobre todas las naciones es Jehová, y sobre los cielos es su gloria.* Leemos en el Deuteronomio *¿Quién subirá al cielo por nosotros?*

Y. así en todas partes de la Escritura vemos que se habla de la localización del cielo en dirección a lo alto y más allá del espacio. El firmamento con sus innumerables mundos hermosos y brillantes es tan vasto que el cielo debe ser muy grande; un reino muy extenso, sumamente extenso. Pero esto no debe sorprendernos. No es para el hombre de limitada vista, inquirir por qué Dios ha hecho tan extenso el cielo que sus luces puedan distinguirse desde cualquier parte de este pequeño mundo.

En el capítulo 51 de la Profecía de Jeremías se nos declara que *Él es el que hizo la tierra con su fortaleza, el que afirmó el mundo con su sabiduría, y extendió los cielos con su inteligencia.* ¡Cuán poco sabemos, sin embargo, de aquella inteligencia, de esa fortaleza y sabiduría! Consta en el capítulo 26 de Job, *He aquí, estas son partes de sus caminos; mas ¡cuán poco es lo que hemos oido de El! Porque el estruendo de sus fortalezas. ¿Quién lo entenderá?*

Es la palabra de Jehová. Dice Isaías, *Asi dice Dios Jehová, el Creador de los cielos, y el que los extiende, el que extiende la tierra y sus verduras, el que da respiración al pueblo que mora sobre ella, y espíritu a los que sobre ella andan.*

Dios no nos permite discernir su poder ni recibir siempre sus divinos mensajes por medio de grandes cosas.

Leemos en el cap. 19 del primer libro de los Reyes: *Y he aquí, Jehová que pasaba, y un grande y poderoso viento que rompía los montes y quebraba las peñas delante de Jehová, mas Jehová no estaba en el viento. Y tras el viento un terremoto, mas Jehová no estaba en el terremoto. Y tras el terremoto un fuego, mas Jehová no estaba en el fuego. Y tras el fuego un silbo apacible y delicado.* Con un silbo apacible y delicado Dios habla a sus hijos.

Algunos están muy deseosos de saber a qué distancia el cielo está de aquí. Pero solo sabemos que no está tan lejos que Dios no nos pueda oír cuando oramos a él. No creo que, desde la caída de Adan se haya derramado una lágrima por causa del pecado que Dios no haya visto. Dios no está tan léjos que no podamos acudir a él, y si hay un corazón atribulado que suspira bajo el peso de su dolor, Dios oirá el suspiro. Si hay un corazón quebrantado por causa del pecado, Dios oirá el llanto. Dios no está tan lejos, el cielo no está tan lejos que sea inaccesible al niño más pequeño. Leemos en el capítulo 7 de 2ª de Crónicas: *Si se humillare mi pueblo, sobre los cuales mi nombre es invocado, y oraren y buscaren mi rostro, y se convirtiesen de sus malos caminos, entonces yo oiré desde los cielos y perdonaré sus pecados, y sanaré su tierra.*

Cuando yo estaba en Dublin, me contaron que un padre había perdido un niño. Hasta enton- ces él no se había preocupado de la vida futura, pues estaba por completo entregado a las cosas de este mundo. Pero al morir su hijo, su único niño, se quebrantó el corazón de aquel padre. Ahora, cada noche al volver de su trabajo, se le puede ver en su habitación leyendo su Biblia, buscando en ella todo lo que puede encontrar acerca del cielo, y cuando se le pregunta en qué se ocupa, contesta que quiere saber a dónde ha ido su hijo; me parece que obra racionalmente.

Yo supongo que no existe persona alguna que no haya perdido algún amigo. ¿Cerraremos pues la Biblia, o, por el contrario, buscaremos en ella dónde están aquellos a quienes hemos amado? Hace poco leí que un padre de familia, ministro, había perdido una hija. Antes de eso él había asistido a muchos entierros y ofrecido consuelo divino a muchas almas atribuladas, pero ahora la espada del dolor había traspasado su propio corazón. Vino un colega suyo a hacer los funerales de la niña. Después de concluir el ministro, el padre se paró y se colocó a la cabeza del ataúd, mirando el rostro de su amada hija. Luego tomó la palabra, y dijo que, al comenzar sus trabajos en aquella parroquia, no se interesaba mucho por la suerte de los habitantes de cierta población situada al otro lado del río, pues todos le eran desconocidos y no pertenecían a su feligresía; pero, pocos años después, un joven de aquel pueblo se casó con su hija, y ambos fueron a vivir allí. Tan pronto como su hija se trasladó a aquel sitio, el padre experimentó un gran interes por aquel pueblo y sus habitantes, y cada mañana al levantarse miraba por la ventana para distinguir la casa de su hija. "Ahora, añadió él, otra hija ha partido, ha atravesado el río de la muerte y me parece que el cielo me es más querido y está más cerca de mí que nunca."

Amigos, creamos en este buen Libro, creamos que el cielo no es una ilusión. Estemos preparados a seguir a aquellos que han ido delante. Allí, y allí únicamente, hallaremos la paz que buscamos.

BUSCAMOS UNA PATRIA MEJOR

¿Cuál ha sido y cuál es ahora, uno de los sentimientos más fuertes del corazón humano? ¿No es hallar un hogar más hermoso y mejor del que ahora tenemos? Esto es lo que los hombres buscan por todas partes; y sin embargo lo pueden hallar fácilmente, si quieren, pero se debe dirigir la mirada hacia arriba y no hacia abajo. A medida que los hombres se instruyen, rivalizan más y más por hacer atractivos sus hogares; pero el más espléndido palacio de la tierra no es más que un establo miserable, comparado con las mansiones celestiales.

¿Qué es lo que buscamos cuando ya somos viejos, cuando nos hallamos al fin de nuestros dias? ¿No es un lugar tranquilo y sereno donde siquiera podamos disfrutar, si no el descanso absoluto, algo del reposo que se asemeje a aquel que nos espera en el cielo? ¿Cuál fue el motivo que impulsó a Colon a atravesar mares desconocidos, aunque él ignoraba cuál podría ser su suerte, si no el de hallar un país mejor? La misma esperanza sostenía y consolaba los corazones de los Puritanos que colonizaron la Nueva Inglaterra, los cuales, perseguidos por causa de su fe, huyeron de su patria y se dirigieron hacia una playa salvaje y fiera, cuyos territorios les eran enteramente desconocidos. Ellos estaban animados por la esperanza de llegar a un país libre y fértil, donde pudiesen descansar y adorar a Dios en paz.

Algo semejante a esa esperanza es la que el cristiano abriga acerca del cielo, pero aquel bendito país no le es desconocido, ni extraño y sus atractivos no pueden ser comparados con nada terrestre. Puede ser que solo por causa de nuestra débil vista no nos sea posible ver aquellas puertas celestiales abiertas para nosotros. Tal vez por nuestra sordera no podemos oír la resonancia de aquellas campanas gozosas del cielo. Hay a nuestro alrededor sonidos que no podemos percibir y en el éter azul hay innumerables astros brillantísimos que nuestros ojos jamás han visto. A pesar de que sabemos muy poco de ese país rutilante y espléndido, de vez en cuando llegan hasta nosotros rasgos de su belleza.

Ignoramos la dulzura de su perfumado ambiente.
La galanura y belleza de sus flores;
No podemos percibir el eco de los armoniosos cantos
Que resuenan en sus encantados pensiles.

No podemos ver las relucientes torres de la ciudad
Con nuestra oscurecida vista terrenal,
Pues la muerte, silencioso guardián, oculta la llave
Que abre las elíseas puertas.

Sin embargo, cuando el sol en el ocaso
Despide, al retirarse, rutilantes fulgores,
Nos parece que las áureas puertas de la gloria
Se entreabren al contacto de invisibles dedos,

Y mientras permanecen por un momento abiertas
Deslumbrantes centellas de la gloria interior,
Desbórdanse refulgentes por la azul esfera,
Y casi nos revelan sus misteriosos arcanos.

Los viajeros nos dicen que, al subir los Alpes, las casas de los pueblos más distantes se pueden descubrir con tanta claridad, que en ocasiones se puede contar cada uno de los cristales que forman las vidrieras de las iglesias. La distancia parece tan corta que casi se nos figura, tocamos con la mano el sitio a que nos dirigimos, sin embargo, después de caminar horas enteras, nos parece que nos encontramos a igual distancia que al principio. Semejante fenómeno es producido por la claridad de la atmósfera; sin embargo, con perseverancia el fatigado viajero toca el término de su viaje y halla el anhelado reposo.

Así también acontece en la vida religiosa: a veces nos encontramos en las alturas de la gracia, nos parece muy cerca el cielo y los montes de la tierra prometida se nos presentan con toda evidencia. Otras veces las nubes y nieblas del dolor y del pecado hacen desaparecer la visión; pero en uno y otro caso estamos igualmente cerca del cielo, y sin duda llegaremos allí si continuamos en el sendero que Cristo trazó para nosotros.

He leído que, en las playas del Adriático, cuando los pescadores salen a pescar, sus esposas se reunen por la noche en la playa y con armoniosas voces entonan la primera estrofa de algún hermoso canto. Concluida ésta, aguardan que la brisa les traiga el eco de la segunda estrofa cantada por sus valerosos esposos mecidos por los impulsos del viento, y entonces unas y otros son felices. Quizá también nosotros, si prestáramos atento oido podríamos percibir un eco, un susurro lejano traído en alas de las brisas celestiales, al través del espacio, el cual llega a este mundo agitado por las olas de la culpa, para decirnos que hay un cielo que es nuestro hogar. ¡Cuando entonamos himnos en las riberas terrestres quizá podríamos oír sus dulces ecos repercutir en las playas del tiempo, dando consuelo y valor a los que peregrinamos tristes, a través de este valle de lágrimas! ¡Sí, debemos mirar hacia arriba, más allá, lejos de este vil mundo, y alentar aún aquí pensamientos más sublimes y más puros en nuestro corazón!

Sabéis que cuando un areonauta sube en un globo lleva arena por lastre. Si desea subir más echa fuera un poco de la arena y mientras más allá quiere subir, más lastre echa fuera. Así tam- bien si nosotros queremos acercarnos a Dios tenemos que echar fuera de nuestro corazón las cosas de este mundo. Desprendámonos de ellas: no pongamos en ellas nuestra mira ni nuestro afecto, sino hagamos aquello que nos encomienda el Maestro, amontonar tesoros en el cielo.

En Inglaterra se me habló de una señora que no había dejado su cama por muchos años. Era una mujer santa, una de aquellas que Dios prepara para su reino; porque yo creo que hay muchos santos en este mundo, de los cuales nada sabemos, y cuyos nombres jamás la prensa glorifica. Viven muy cerca del Maestro, viven muy cerca del cielo.

Yo creo que se necesita mucha más gracia para sufrir lo que la voluntad de Dios disponga que para ejecutar lo que esa misma voluntad ordene. Si alguien, postrado en el lecho del dolor, soporta con paciencia y humildad sus padecimientos, ese es tan aceptable a Dios como si fuese a trabajar en la viña del Señor.

Pues, esta señora santa dijo que durante muchos años disfrutaba de verdadero placer al ver un pájaro que venía cada año a hacer su nido cerca de su ventana. Vino cierto año, y comenzó a hacer su nido tan cerca del suelo que la señora temía que algo dañara a los pajarillos, y cada día ella le decía al pájaro. "¡Pajarito, ponlo más alto!" La señora vio que la pobre ave iba a sufrir un grandísimo chasco. Al fin completó su nido, y puso sus huevecitos y los empolló. Cada mañana veía que el pájaro traía de comer a sus crías y aquello le agradaba mucho. Pero una mañana se asomó, como de costumbre y no descubrió más que plumitas espar-cidas sobre el suelo. Dijo: "¡Ay! ¡Un gato ha venido y ha cojido al pájaro y a los pajaritos!" Habría sido un acto de benevolencia si la señora hubiera destruido aquel nido. Así hace Dios algunas veces. Nos quita las cosas antes de que sea tarde. Creo que debemos decir a los cristianos profesos que si solo edifican sobre las arenas del tiempo sufrirán chasco. Dice Dios, edificad vuestra casa más arriba. Es mejor tener la vida en Cristo y en Dios que en cualquiera otra parte. Yo preferiría que mi "vida fuese escondida con Cristo en Dios," que estar en el Paraíso como Adán. Adán podría haber perma-necido dieciseis mil años en el Paraíso, y sin embargo después haber caído; pero, ¡cuán seguros estaremos si nuestra vida está escondida en Cristo!

Los santos de la tierra y los del cielo
Componen una sola comunión;
Todos la gracia del Señor reciben,
Unidos por los lazos del amor.

Un solo ejército del Dios viviente,
Su voz nos es forzoso obedecer;
Una parte ha cruzado ya el torrente,
Y la otra parte cruzará después.

¡Vedlo! Millares su inmortal morada
Van cada dia alegres a buscar;
Nosotros ya llegamos a la orilla;
Pronto tras ellos hemos de pasar.

¡Señor Jesús! Sé siempre nuestro guía:
Aplaca de las olas el furor;
Y al fin haznos anclar allá en el cielo
Como en puerto de eterna salvación.

Carlos Wesley

CAPÍTULO 2

LOS HABITANTES DEL CIELO

La sociedad del cielo será escogida. Nadie que estudie la Escritura puede dudarlo. En este mundo hay varias clases de aristocracia, pero la aristocracia del cielo será la de la santidad. El más humilde santo de la tierra será aristócrata allí. Consta en el cap. 57 de Isaías: "Porque así dice el Alto y sublime, el que habita la eternidad y cuyo nombre es el santo: Por morada tengo la altura y la santidad; y con el quebrantado y humilde de espíritu habito." ¿Podrá haber palabras más claras? Nadie que no sea de espíritu quebrantado y humilde morará con Dios, en su santa y alta habitación.

Si hay algo que debe dar al cristiano conciencia íntima de la proximidad del cielo, es el conocimienjo cierto de que Dios y sus amados amigos están allí. ¿Por qué es que amamos nuestros hogares? ¿Será acaso porque son hermosos, porque tenemos bellos jardines, grandes árboles, elegantes pinturas, buenos muebles u otra cosa cualquiera? ¿Será todo eso lo que hace tan atractivo el hogar? No, es porque allí están aquellos á quienes amamos.

Me acuerdo que una vez yo había estado lejos de mi casa por algún tiempo, y quise volver para ver a mi señora madre, a quien honraba altamente. Pensé volver sin avisarle que iba y sorprenderla, entrando inesperadamente; pero al saber que ella no estaba allí, aquella casa ya no me parecía ser mi hogar. Pasé de una habitación a otra por toda la casa, pero no pude hallar a aquella madre amada. Pregunté a algunos que estaban allí. "¿Dónde está mi madre?" Me dijeron que se había ido. Aquel local perdió para mí su encanto, pues el gozo de mi hogar era mi madre; y así, para todos, es dulce el hogar porque allí están los queridos seres a quienes ama nuestro corazón. Y el cielo será atractivo por causa de la presencia de nuestros queridos amigos allí. Cristo está allí; Dios, el Padre, está allí; están allí muchos queridos amigos con quienes nos reuniremos más tarde.

Vemos claramente que en el capítulo 18 del Evangelio de San Mateo consta que hay ángeles allí: "Mirad no tengáis en poco a alguno de estos pequeños; porque os digo que sus ángeles en los cielos ven siempre la faz de mi Padre que está en los cielos. " ¡Sí, sus ángeles ven siempre la faz de Dios!

Tendremos buena sociedad allí, compuesta no solo de los redimidos, sino también de aquellos que nunca cayeron, que jamás supieron lo que fue delinquir, que nunca desobedecieron, sino que por el contrario fueron fieles a Dios desde la mañana de la creación. Consta en otro lugar que cuando Gabriel descendió a decir a Zacarías que él iba a ser padre del precursor de Jesucristo, Zacarías dudó de su palabra, siendo así que nadie había dudado antes de ella. La duda quedó destruida con la declaración: "Yo soy Gabriel que estoy delante de Dios. "¡Qué sublime cosa poder decir eso!

Se ha dicho que al llegar al cielo habrá tres cosas que nos sorprenderán. Una será que hallaremos a muchos a quienes no esperábamos ver allí, otra, que no hallaremos a algunos a quienes habíamos esperado, otra, y la más grande maravilla, que nosotros mismos estemos allí.

Una pobre mujer dijo una vez al Sr. Rowland Hill, ministro inglés, que el camino del cielo era corto, fácil y sencillo, y consistía en tres pasos, y son desprenderse de sí mismo, entrar en Cristo y entrar en el cielo. El camino es todavía más corto; es desprenderse de sí mismo y entrar en Cristo y estamos ya en el cielo. Así como un difunto no puede heredar propiedades, así tampoco puede un alma muerta heredar el cielo. Es menester que el alma resucite en Cristo. Entre los buenos que esperamos ver en el cielo, es probable que habrá toda variedad de carácter, cultura e índole.

No hay una sola mansión, hay muchas. No hay una sola puerta sino muchas. No solo hay "al oriente tres puertas: hay también al Norte tres puertas, al medio día tres puertas, al poniente tres puertas." Entrarán a la ciudad celestial viajeros fatigados que habrán venido de todas partes del mundo y de distintas creencias religiosas, lo mismo que de toda especie de carácter y vida humanos; entrarán por medio de distintas maneras de conversión, por medio de distintas expresiones de su fe y esperanza, y por medio de diferentes pasajes de la

Santa Escritura. Allí se encontrarán, y no sin sorpresa, en las playas del mismo río de la vida. Allí hallarán un árbol que lleva doce especies de frutos, no el mismo fruto siempre, sino distintos, para toda condición de vida humana, para el que ha sido sufridor paciente, para el activo servidor, para el santo y humilde filósofo y para "los espíritus de los justos, ya perfectos.""Las hojas del árbol serán para sanidad de las naciones," todas las naciones; no sólo para una iglesia, ni un pueblo; no sólo para los ingleses, ni los españoles, ni los italianos, sino para cada uno y para todos, y para aquellos para quienes los frutos del árbol han estado lejos, pero que, sin embargo, han tenido hambre y sed de justicia, y los cuales, por tanto, serán hartos.

Ha dicho un célebre ministro de nuestros dias: "Cuando yo era niño, me figuraba que el cielo fuese una inmensa ciudad brillantísima, con inmensas murallas, templos y torres, y sus únicos habitantes ángeles vestidos de blanco, y que me eran desconocidos. Luego se murió mi hermanito, y pensé lo mismo del cielo, figurándome ver una gran multitud de ángeles desconocidos, entre los cuales descubría un niñito que yo conocía. Después murió otro hermano, y entonces ya tenía dos a quienes conocía en el cielo. Después mis amigos comenzaron a morir, y poco a poco se acrecentaba el número de los que yo conocía en el cielo. Pero hasta que hubo partido de mi lado un hijo mío para vivir con Dios, su Padre Celestial, no empecé a sentir que una parte de mí mismo ya estaba allí. Murió el segundo, el tercero, el cuarto; y entonces ya tenía a tantos conocidos allí que ya no veía en el cielo murallas, ni templos, ni torres, sino solamente a esos queridos seres, hasta que ahora me parece que tengo más amigos en el cielo que en la tierra."

VIVIREMOS PARA SIEMPRE

En el capítulo 12 de San Juan, verso 26, consta: *Si alguno me sirve, sígame; y donde yo estuviere allí también estará mi servidor.* No estoy de acuerdo con algunos que piensan que San Pablo ha estado durmiendo en la tumba y todavía está allí después de las tempestades de mil ochocientos años. Yo no puedo creer que aquel hombre que amaba tanto al Maestro y abrigaba en su corazón un celo tan ferviente por Él, haya quedado separado de Él en un estado inconveniente. Fue la plegaria de Cristo: "Padre aquellos que me has dado quiero que donde yo estoy, ellos estén también conmigo, para que vean mi gloria que me has dado."

Cuando un hombre cree en el Señor Jesucristo, recibe la vida eterna. Muchos hay que se equivocan sobre este particular. Dice la Escritura: "El que cree en el Hijo tiene vida eterna:" no dice que la tendrá cuando muera, sino en el tiempo presente. Ahora yo la tengo y es mía, si creo. Cristo es el don de Dios y basta eso. Todos los sepultureros del mundo no pueden cavar una fosa tan honda que pueda contener la vida eterna; ni todos los carpinteros del mundo pueden hacer un ataud bastante grande que pueda contener la vida eterna. Esa es mía ¡es mía!

Creo que cuando Pablo dijo: "Quisiéramos partir del cuerpo, y estar presentes al Señor", lo dijo con sinceridad e intención. Quería decir que no iba a estar ausente del

Señor por mil ochocientos años: que al quedar convertido recibió un espíritu renovado que procedía de una nueva vida y naturaleza y que no se podría sepultar ese espíritu, no se podría detener pues emprendió su vuelo hacia su Hacedor. Acaso él no está aún satisfecho, ni lo estará hasta la resurrección, pero Cristo dice: "Del trabajo de su alma verá, y será saciado". El cuerpo será resucitado; el cuerpo sembrado en vergüenza, se levantará con gloria: sembrado en corrupción se levantará en incorrupción, y esto mortal será vestido de inmortalidad. Es cuestión de tiempo solamente. Pronto amanecerá esa mañana del mundo cuando los muertos oirán la voz de Aquel que es la resurrección y la vida.

Dice Pablo: "Si la casa terrestre de esta nuestra habitación se deshiciere, tenemos de Dios un edificio, una casa no hecha de manos, eterna en los cielos." Aunque su cuerpo desfalleciera no temía, pues tenía una casa mejor. Dice en otra parte: "De ambas cosas están puesto en estrecho, teniendo deseo de estar desatado y estar con Cristo, lo cual es mucho mejor; empero quedar en la carne es más necesario por causa de vosotros". Me es muy grato pensar que la muerte no nos separa del Maestro. Muchas personas viven de continuo en la servidumbre de la muerte, pero si yo tengo la vida eterna la muerte no puede ni tocarla. Puede destruir la casa en que vivo; puede alterar mi casa; puede enterrar mi cuerpo en la fría tierra, pero jamas puede tocar esta nueva vida. Es sensible que tantos cristianos estimen la muerte como un enemigo tan terrible.

Hace años recibí una carta de un amigo en Londres y, al leerla, sentí en mi corazón el deseo de comunicarla a otros para inducirles a que estimasen la muerte como él la estimaba. El había perdido una queridísima madre. En su país, Ingaterra, tienen la costumbre de mandar tarjetas a sus amigos anunciando la muerte del difunto y las tarjetas llevan un margen negro. Pero ese amigo mío lo puso de oro, no queriendo que fuese negro. Ella había partido a "la ciudad de oro" y aquel hijo quiso un borde de oro. Pienso que cuando mueren nuestros amigos, en vez de poner a las tarjetas un ancho margen negro, para darles un aspecto sombrío, sería mejor encerrarlas en uno de oro.

No es la muerte, es la vida. Dijo un amigo a un moribundo. "¿Está Ud. todavía en la tierra de los vivientes?" "No," repuso él, "estoy en la tierra de los moribundos, pero voy a la tierra de los vivientes; allí viven, no mueren nunca". Este es el mundo de pecado y muerte y lágrimas, pero allá arriba no mueren jamás. Allí se disfruta de una vida perenne y un gozo sin fin.

"¡Gloriosa cosa es morir!" exclamó Anna More, en su lecho de muerte, aunque su vida había sido acariciada por las amistades más estimables. La ancianidad no había debilitado su memoria hasta el grado de hacerle olvidar aquellas pequeñas poblaciones colocadas al abrigo de sus montañas nativas, ni las escuelas misioneras que con tanta perseverancia había establecido y donde tanto se dejaría sentís su ausencia.

"Los que en ti esperan, Dios santo y bueno,
Y te veneran y creen aquí;
Los que tú llamas, siempre en tu seno,
Porque los amas, gozan allí.
En su existencia goces del alma

Por tu presencia tiene, y paz;
Y allí en tu gloria llevan la palma
De la victoria, viendo tu faz."

CONOCEREMOS A NUESTROS AMIGOS

Hay muchos que desean saber si conocerán a sus amigos en el cielo. Leemos en Mateo 8:11: "Y os digo que vendrán muchos del Oriente y del Occidente, y se asentarán con Abraham e Isaac y Jacob, en el reino del cielo". Vemos, pues, que Abraham, que vivió centenares de años antes de Cristo, no había perdido su identidad; Cristo nos dice que llegará un tiempo cuando vendrán del Oriente y del Occidente, y se sentarán con Abraham, Isaac y Jacob en el reino de Dios. Aquellos hombres no habían perdido su identidad; eran todavía los mismos, Abraham, Isaac y Jacob. Recordad aquel sublime espectáculo que tuvo lugar en el monte de la Trasfigura- cion y veréis que Moisés, que murió mil quinientos años antes, estaba allí. Pedro, Jacobo y Juan, lo vieron allí, lo vieron como Moisés pues no había perdido su nombre. Dios dice en el Apocalipsis: *No borraré su nombre del libro de la vida.* Tenemos nombres en el cielo, seremos conocidos allí.

Dijo el Salmista: Seré saciado cuando despertare a tu semejanza. Bástale eso. Aquí en este mundo todo corazón tiene deseos, necesidades, pero allí seremos saciados. Recorred la tierra desde uno al otro polo y no hallaréis a un hombre o a una mujer que esté satisfecho; pues en el ciel no careceremos de nada. En el cap. 3 de la primera Epístola de Juan, hablando a los seguidores de Cristo, les dice: *Muy amados, ahora somos hijos de Dios y aun no se ha manifestado lo que hemos de ser; pero sabemos que cuando Él apareciere, seremos semejantes a Él, porque le veremos como Él es. Y cualquiera que tiene esta esperanza en Él, se purifica, como Él también es limpio.*

Además, me parece muy probable, y en efecto creo que consta en la Escritura, que muchos cristianos imperfectos llegarán al cielo. Entrarán allí, pero será a la manera de quien escapa, como dice Job "con la sola piel sobre sus dientes", o como Lot fue salvado de Sodoma, "como escapado por fuego", entrarán con dificultad sin obtener corona de regocijo. Pero no todos irán al cielo. Hay muchos que no estarán allí. Hay cierta clase de gentes que nos dicen que irán al reino del cielo, sea que estén convertidos o no: nos dicen que están en el camino que conduce al cielo, y que allí van a morar. Afirman que todos van a estar allí, los buenos, los malos, los indiferentes; todos poseerán el reino; no habrá distinción. Por decirlo así, hacen a Dios mentiroso. Dicen: Creemos en la *misericordia* de Dios; yo también creo en ella, pero al mismo tiempo creo en la *justicia* de Dios. Me parece que el cielo sería todavía peor que este mundo si a un hombre no regenerado le fuese permitido entrar allí. Si el hombre morara para siempre en este mundo, pecando, ¿qué sería del mundo? Parece que sería un *infierno*. Recordad por algunos instantes la historia de este país y pensad de algunos hombres que han vivido en él y suponed que viven ahora y que van a vivir siempre tal cuales son, en pecado y rebelión. ¿Creéis acaso que Dios aceptará esos hombres que han rechazado la salvación, han pisoteado su Ley, y han vivido en rebelión contra sus divinos mandatos? ¿Suponéis por un instante que Dios los va a llevar a su reino y permitirles vivir allí eternamente? ¡De ninguna manera!

NO HABRÁ TABERNAS EN EL CIELO

Ningún borracho heredará el reino de los cielos. ¡Quiera Dios que esas madres de familia, cuyos hijos dan sus primeros pasos en una vida de disipación, se interesen por ellos y no descansen día y noche hasta que, mediante el poder de la gracia de Dios, sus hijos se conviertan!

Cierto es que aquellos que solamente beben un poco acabarán por ser borrachos. Ningún ebrio lo fue de repente. Todos comienzan con un poco. ¡El ebrio es un esclavo, atado de piés y manos sin saberlo!

Hace poco leía una historia acerca de la adoración de serpientes y de víboras en la India Oriental. ¡Oh! aquello es una cosa horrenda. Se refería en ella que una madre había visto una serpiente entrar al cuarto y enroscarse en el cuerpo de su pequeño hijo; pero, creyendo que este animal era sagrado, no se atrevió a tocarlo, no obstante que vio cómo le daba muerte, y escuchó los lastimeros ayes de la desdichada criatura. Mi alma se horrorizó con semejante lectura.

Pero aquí en este país tenemos cosas tan horrendas como aquella serpiente de la India. Hay víboras que se introducen en nuestros hogares cristianos y atacan a los hijos, mientras que sus padres y madres parecen estar sumidos en un profundo sueño.

¡Oh, quisiera Dios que su Espíritu nos despertara!

Ningún borracho heredará el reino de Dios, ni ninguno que vende licores alcohólicos. No lo olvidéis. ¡Ay del que da de beber a sus compañeros, que les acerca su odre y les embriaga! Grandísima vergüenza es que alguien que profesa ser cristiano arriende sus propiedades para cantinas y fábricas de licores alcohólicos. Les tengo la más profunda compasión. Si esperáis heredar el reino de Dios, no lo hagáis. Si no podéis alquilar vuestra propiedad para otro objeto mejor, dejadla vacía. No se enseña en ninguna parte de la Biblia la idea de que todo esté bien hecho, ni tampoco que todos irán al reino de Dios, ya sea que se arrepientan o no.

En el cielo no habrá usureros, a saber, aquellos que defraudan a sus hermanos, a los desgraciados cuyas familias están en el desamparo, cuyas propiedades están hipotecadas, arruinados por algún hombre sin corazón que les estrecha entre sus garras, anhelando arrancarles hasta el último centavo. Tal es el usurero, el cual ciertamente no heredará el reino de Dios. Tengo lástima del hombre que adquiere el dinero por medios ilícitos. Mirad cuánta molestia tiene para guardarlo; más ó menos tarde todo le desaparece. Si adquirís injustamente el dinero, vuestros hijos no lo podrán retener. Esto se ve en todas partes: aquel hombre que defraude a alguien debe restituir; si no, su dinero le va a arruinar.

NO ENTRARÁN TODOS

En los días de Noé sabemos que él pasó por un diluvio. Él era el único justo, pero según la teoría de ciertos impíos preceptores, el resto de los hombres, aunque demasiado impuros y malvados para continuar viviendo, fueron, sin embargo, aceptados e introducidos por Dios en el reino celestial, mientras que al único justo se le condenó a pasar por tal prueba. Borrachos, vagabundos, ladrones, todos se asegura que fueron al cielo. Lo mismo sería declarar que, no obstante, vuestros crímenes, vuestros juramentos, vuestros asesinatos cometidos impunemente, Dios os perdonará y recibirá. i Él es tan misericordioso!

Figuraos a un Gobernador de un Estado perdonando a todos los presos condenados por las cortes de ese Estado, y a todos los reos existentes en las cárceles y penitenciarías; suponed que a todos los dejara ir libres porque es tan misericordioso que no puede soportar la idea de castigarlos. Creo que no permanecería gobernando por largo tiempo. Aquellos hombres que están hablando siempre de la misericordia de Dios, diciendo que él perdonará a todos y los llevará al cielo, son precisamente los primeros que dirían que semejante gobernador debería ser juzgado severamente, que no debía ser gobernador. Acordémonos que consta en la Escritura que hay cierta clase de hombres que no heredarán el Reino de Dios. Os voy a dar la autoridad, os voy a citar la Escritura. Es mucho mejor citar la Escritura sobre estos asuntos, luego, si no os gusta, podéis reñir con ella y no conmigo. No diga nadie que yo he dicho quiénes irán al cielo y quiénes no irán: dejad que hable la misma Escritura: *¿No sabéis que los injustos no poseerán el reino de Dios?* Los injustos, los adúlteros, los fornicarios, los ladrones, pueden poseerlo si tan solo abandonan sus iniquidades. *Deje el impío su camino, y el hombre inicuo sus pensamientos.* Pero si el impío dice: Yo no dejaré mis pecados, yo continuaré en mis crímenes, y tendré el cielo también, aquel hombre se engaña a sí mismo.

El ladrón que me roba mi cartera pierde más que yo. Mucha más grande pérdida es para él que para mí. Veremos cuánto es lo que pierde. Ha ganado unos cuantos duros, o acaso ha robado mi chaqueta, pero no es mucho. Ved cuanto pierde. Haced un inventario de lo que pierde aquel hombre si pierde el cielo. Pensad en eso. Ningún ladrón heredará el reino de Dios. Al ladrón diré: No robes más. Pide a Dios que te perdone; arrepiéntete de tu pecado y vuélvete él. Si obtienes la vida eterna, esa vale mucho más que el mundo entero. Si llegas a poseer todo el mundo, no adquirirás mucho. Todo el mundo no viene a ser gran cosa, si no tienes la vida eterna.

Hay un feliz Edén
      Lejos de aquí,
Y goza sumo bien
      El santo alli.
El canto con ardor
      "Digno eres, oh Señor,
De gloria y honor
      Loor a ti.

Venid a aquel lugar,
      Partid de aqui;
¿Podréis aún dudar?
      Corred allí.
¡Oh cuán feliz seré,
      Cual, Señor, te amaré,
Cuando a tu lado esté,
      Bendito en Ti!

Eterno resplandor
      Fulgura alli;
Eterno es el amor
      Del Padre a mi.
Corramos pues allá;
      Bello es aquel hogar,
Eterna luz sin par
      Se mira allí.

CAPÍTULO 3

LA FELICIDAD DEL CIELO

Si hay algún sonido bastante poderoso para abrir las puertas eternas del cielo, será el del nombre de Jesús. En el mundo hay muchas consignas y contraseñas, pero allá ese nombre será la única. "Jesucristo" es la palabra potente que nos abre el cielo. El que pretende entrar por algún otro camino es ladrón y robador. Mas una vez que hayamos entrado, ¡cuánto gozo nos dará ver a Jesús de continuo y estar para siempre con Él!

Isaías ha dado esta promesa de Dios a todo aquel que es salvo por la fe: *Sus ojos verán al Rey en su hermosura; verán la tierra que está lejos.* Pocos hay que tienen el placer de viajar alrededor del mundo, o aun de ver siquiera un solo país extranjero; pero todo cristiano va a ver esa tierra que está lejos de aquí. Esa es nuestra tierra de Promisión. Juan Milton dijo de los santos ya partidos de este mundo que ellos caminan con Dios en aquel clima bienaventurado, ensalzados con una perfecta salvación. Allí hay un magnífico clima.

Los habitantes de este mundo buscan por todas partes un clima donde puedan acudir para escaparse de sus dolores y sus penas. Pero no hay dolor de ninguna especie en el cielo. No hay sitio alguno que nos incite a la queja. Dejaremos atrás todas nuestras dolencias y penas y hallaremos allí una salud eterna, la cual este mundo no puede conocer jamás.

Pero los ojos *mortales* jamás podrán mirar la gloria de Cristo, el rey del cielo. En el cap. 6 de la primera Epístola a Timoteo, se nos habla de Cristo como el Bienaventurado y Poderoso Rey de reyes y Señor de señores, quien solo tiene inmortalidad, que habita en luz inaccesible, a quien ninguno de los hombres ha visto ni puede ver. Nosotros mortales no podemos mirar esa luz. Nuestra pobre visión quedaría deslumbrada ante el fuego de esa gloria. En el cap. 1 de Ezequiel vemos que ese profeta tuvo una mirada de ella. *Cual parece el arco del cielo que está en las nubes el día que llueve, así era el parecer del resplandor alrededor. Esta fue la visión de la semejanza de la gloria de Jehová. Y luego que ya la hube visto caí sobre mi rostro.*

Quedamos atónitos ante los espléndidos fenómenos del mundo natural. Muy pocos pueden mirar al sol directamente. Pero cuando este corruptible fuere vestido de incorrupción, como dice Pablo, serán más fuertes las potencias del alma. Podremos entonces ver a Cristo en su gloria. Aunque el sol y la luna quedaren confundidos, sin embargo, nosotros veremos a Dios tal cual Él es. En eso consiste la gloria del cielo. Todos sabemos que no se halla gran felicidad sobre la tierra. La razón, la revelación y la experiencia de seis mil años nos lo declaran.

Ninguna criatura humana puede dárnosla. Aún cuando hacemos lo bueno no la disfrutamos inmediatamente pues hay tanto pecado en el mundo que aún los mejores y más santos no pueden tener la perfecta felicidad aquí. Tenemos que aguardar el cielo, aunque a veces parece que estamos tan cerca de él que casi podemos ver aquellos bienaventurados espíritus que nos revelan su gozo y hermosura, como Colon vio pájaros desconocidos y hermosísimos volar al rededor de su embarcación mucho ántes de llegar a las playas de la América.

Todos los goces que tendremos en el cielo vendrán de la presencia de Dios. He aquí la idea principal de todo lo que la Escritura contiene relativo a este asunto. Lo que la vida aquí sería sin la salud, sería el cielo sin la presencia de Dios. Esta será la vida y la luz de aquel mundo. Se dice que una de las palabras que describe la presencia de Dios significa "un espectáculo que hace feliz". Será como la vista de su madre para el hijo pródigo que vuelve a su hogar, o la primera ojeada que echáis a vuestro hogar después de haber estado ausente largo tiempo. Todos sabéis cuán grata es la luz del sol despés de un dia lluvioso; sabéis cuán bienvenido es el amigo que viene a consolarnos cuando sufrimos. Pues el cielo será algo semejante a eso, pero mil veces mejor. Nuestro conocimiento de Dios será más perfecto, y por eso le amaremos más. Cuanto más conocemos a Dios, más le amamos. Muchos cristianos amarían más a Dios si le conociesen mejor. A nosotros los cristianos es cosa sumamente grata, mientras vivimos en la tierra, pensar en la perfección de Jesucristo, pero ¿qué será cuando lleguemos a conocerle tal cual Él es?

SEREMOS SEMEJANTES A EL

Le preguntaron un día a un cristiano qué iba a hacer cuando llegase al cielo. Dijo que iba a pasar los primeros mil años mirando a Jesucristo, y después iría a buscar a Pablo, luego a Pedro y a Juan, y que todo el tiempo que él podia concebir estaría ocupado en mirar a esos *ilustres personajes.* Me parece que una sola mirada hacia Jesús nos recompensará por todo lo que hayamos hecho por él aquí, por todos los sacrificios que nos sea posible hacer en obsequio de él. Estaremos satisfechos de verle a El y únicamente a El. Y seremos como Él es, cuando le hayamos visto, porque tendremos su Espíritu. Jesús, el Salvador del mundo estará allí, y le veremos cara a cara.

Para nosotros el cielo no estará constituido o formado tan solo de puertas de perla, de muros de jaspe, de calles de oro trasparente. Semejantes cosas no nos satisfarían. Si no hubiese más que eso, no querríamos vivir allí para siempre.

Supe de una niña cuya madre estaba muy enferma. Durante su enfermedad una vecina quitó a la niña del lado de su madre para que se quedara con ella hasta que su mamá se aliviara. Pero en vez de aliviarse, la madre murió. Los amigos pensaban no llevar a la niña a su casa hasta después del entierro, ni decirle que su mamá había muerto. Luego llevaron a la muchacha a la casa. Ella anduvo de cuarto en cuarto por toda la casa en busca de su mamá, pero sin hallarla y al fin dijo: ¿Dónde está mi mamá? Le dijeron que ella ya no vivía. La pobrecita al oir eso, ya no quiso quedarse en esa casa.

No estando allí su madre, para ella no había atractivo ninguno en su hogar, y prefirió volver a acompañar a la vecina. Su hogar había perdido para ella todo su encanto, dado que su madre no se encontraba en él.

Lo atractivo del cielo no será ni los muros de jaspe, ni las puertas de perlas; será que estaremos con Dios. Estaremos en presencia del Redentor, estaremos para siempre con el Señor.

En cierto tiempo yo pensaba más en Jesucristo que en Dios Padre, me parecía que Él estaba más cerca de mí, porque era el Mediador entre Dios y yo. En mi imaginación me figuré a Dios como un severo juez sentado en su trono, pero Cristo se interponía como mediador, y me parecía que Cristo estaba más próximo a mí que Dios Padre. Pero este pensamiento ha desaparecido desde que Dios me dio un hijo, que por diez años fue el único, y mientras crecía, se me ocurrió la idea de que se necesitaba más amor de parte de Dios para entregar a su Hijo, que de parte de su Hijo para morir. Para mí sería mucho más fácil sufrir la muerte que ver a mi único hijo, el hijo de mi amor, crucificado. Pensad el amor que Dios tuvo a este mundo cuando entregó a Cristo por nosotros.

En el cap. 7 de los Hechos, versículo 55, veréis que cuando apedreaban a Estéban, él alzó los ojos hacia el cielo. Parece como que Dios quitó el velo para permitirle mirar la ciudad eterna y a Cristo a la diestra de Dios. Cuando Jesús ascendió "llevó cautiva la cautividad," y *se sentó en* el trono, pues su obra estaba consumada. Pero Esteban lo vio *en pie*, y me imagino la manera en que Jesús observó a aquel mártir luchando a solas y sin auxilio, aquel protomártir, que más tarde debía ser seguido por millares, el eco de cuyas pisadas podéis percibir al través de las edades, mientras aquellos avanzan para entregar sus vidas por el Hijo de Dios. Pero Estéban los capitanea, él fue el primer mártir, y mientras muere por el Señor Jesucristo, alza la vista y ve a Cristo de pie que le aguarda para darle la bienvenida, a la vez que el Espíritu Santo descendió para darle testimonio de que Cristo estaba allí. ¿Cómo, pues, podemos dudarlo?

El mendigo no tiene gusto ninguno en quedarse contemplando un palacio. La grandeza de esa arquitectura no toca su corazón. Al infeliz que se muere de hambre no basta mirar un banquete real. Pero la visión del cielo implica la posesión del mismo. Su contemplación no nos proporcionaría ningún gozo, si no tuviésemos la íntima convicción de nuestra participación en él. Dios une el alma a sí mismo. En el cap. 1, versículo 4 de la segunda Epístola de Pedro consta que "somos hechos participantes de la naturaleza divina". Si colocáis un pedazo de hierro en el fuego, pronto pierde su color negruzco y se vuelve rojizo y caliente como el mismo fuego; pero no por eso pierde su propia naturaleza. Así también acontece con el alma: ella se reviste con la luz de Dios, se purifica con la pureza de Dios, y se enardece con la llama de su perfecto amor, sin que por esto deje de ser tal alma humana. Seremos semejantes a él, pero retendremos nuestra identidad.

Existe una fábula en que se nos refiere que un rey benévolo encontrándose cierto día de caza en un bosque, halló un niño ciego y huérfano, que vivía casi como los brutos. Quedó conmovido el rey y adoptó al niño, facilitándole todos los conocimientos que puede adquirir un ciego. Cuando éste cumplió veintiún años, el rey, que era también un gran médico, devolvió al joven su vista, y lo colocó en su palacio, donde, rodeado de todos sus nobles y de toda la magnificencia y majestad de su corte, lo hizo proclamar como uno de sus hijos y mandó que todo el mundo lo honrase y amase. Así aquel pobre huérfano desamparado, llegó a ser un príncipe, un participante de las dignidades reales y de toda la felicidad y pompa que se disfrutan en el palacio de un rey, ¿Quién podría describir el gozo que inundó el alma de aquel jóven a la primera vista del rey de cuya hermosura y bondad él había oido tantas cosas? ¡Cuál no seria el éxtasis de su espíritu cuando vio sus esplendorosos vestidos y se vio adoptado en la familia real, honrado y amado de todos!

Cristo es el Rey glorioso y omnipotente que halla nuestras almas errando en el desierto de este mundo pecaminoso. Nos halla, como consta en el Apocalipsis, "cuitados, y miserables y pobres y ciegos y desnudos". Pero "nos lava de nuestros pecados con su preciosa sangre", nos viste de una vestidura limpia y de inocencia y, como dice Isaías, "de vestidos de salud"; nos ha rodeado "de manto de justicia, como a novio ataviado, y como a novia compuesta con sus joyas".

La misión del Evangelio a los pecadores, según consta en el cap. 26 de los Hechos, es de "abrir sus ojos, para que se conviertan de las tinieblas a la luz, y de la potestad de Satanás a Dios, para que reciban por la fe remisión de pecados y suerte entre los santificados". He aquí lo que ha hecho Cristo por todo cristiano. Él os ha adornado con los dones de su gracia y os ha adoptado como hijos suyos. Hallamos en el cap. 3 de la 1ª Epístola a los Corintios: "Todo es vuestro, sea Pablo, sea Apolos, sea Cefas, sea el mundo, sea la vida, sea la muerte, sea lo presente, sea lo porvenir; todo es vuestro: y vosotros de Cristo, y Cristo de Dios".

El os ha dado su misma palabra para que os instruyáis en las cosas celestiales, y ha abierto vuestros ojos para que veáis. Mediante su gracia y vuestros mismos esfuerzos, vuestra alma está desarrollándose más y más en su perfecta imagen. Al fin, vuestro Padre celestial os llama a vuestro hogar, donde veréis a los ángeles y a los bienaventurados vestidos con la hermosura de Cristo mismo, rodeando su trono, y oiréis la palabra que os admitirá a su sociedad: "Bien hecho, buen siervo y fiel, entra al gozo de tu Señor". Cristo mismo dijo en el cap. 16 de San Juan, "Todo lo que tiene el Padre, mío es, por eso dije que tomará de lo mío y os lo hará saber." Todo será vuestro. ¡Cuán insignificantes y pequeños son los placeres del mundo comparados con ese cuadro!

¡Cuán verdaderos son los versos del poeta escocés!

"Jamas nos dará el mundo
    La dicha por la cual suspiramos;
No consiste toda la vida en vivir.
    Ni toda la muerte en morir.
Más allá de este valle de lágrimas
    Hay una vida celestial,
No medida por la rapidez de los años:
    Y toda esa vida es amor."

MÁS ALLÁ DEL RIO

Se nos dice que hay gozo en el ciclo por las conversiones que se verifican en la tierra. En el cap. 15, versículo 7, de San Lucas, leemos: "Os digo que así habrá más gozo en el cielo por un pecador que se arrepiente que por noventa y nueve justos que no necesitan arrepentimiento". Si se fuera a efectuar una elección de presidente, habría grande agitación por todas partes. Es probable que todos los periódicos del país contendrían artículos y editoriales relativos al candidato y toda la nación discutiría el asunto con grandísimo interés; pero dudo que de esto se tomase nota en el cielo. Si la Reina Victoria abdicase, todas las naciones quedarían atónitas y sorprendidas. El telégrato llevaría ía nueva hasta los fines de la tierra; pero en el cielo es probable que aquel acontecimiento no produjese ningún interés. Sin embargo, si en estos instantes algún niño o niña, algún hombre o mujer se arrepintiese de sus pecados, semejante suceso causaría interés y gozo en el cielo. En el cielo se estiman las cosas de una manera distinta; cosas que nos parecen grandes se consideran pcqueñas allí, y lo que nos parece pequeño aquí, se considera importante allí.

¡Pensad en eso! Con un solo hecho realizado por nosotros mismos es posible ocasionar gran gozo en el cielo. ¡Maravilloso es el pensamiento; no podemos comprender cómo es que el más vil pecador que se arrepiente de sus pecados y los abandona, puede proporcionar tanto gozo á las huestes celestiales!

Dice la Biblia: "Hay gozo delante de los ángeles". No es que los ángeles se regocijen, sino que hay gozo en su presencia. Muchas veces he pensado en eso, admirándome de su significado: "Gozo delante de los ángeles". Puede que sea una especulación, tal vez sea cierto, tal vez no lo sea; pero se me figura que los amigos que han partido de las playas del tiempo y están ahora en el redil celestial, nos están mirando desde el cielo, y que cuando contemplan arrepentida y convertida a Dios un alma por la que ellos rogaron mientras estaban en el mundo, experimentan un gozo en sus corazones que no se puede describir. Tal vez ahora hay en el cielo una madre que contempla a su hijo o hija que dice: "Me voy a arrepentir, voy a morar en el cielo con mi madre". Cierto es que esa noticia llega al cielo con la rapidez de un rayo de luz, y entonces esa madre se regocija, como leemos, "delante de los ángeles".

En Dublin, Irlanda, en un culto que celebrábamos allí, vino un hombre con su hija, su única hija, cuya mache había muerto poco antes. Acudieron ambos al salón donde yo estaba para conversar con aquellos que buscaban la luz. El padre rogó: "¡Oh Dios! concede que esta verdad arraigue en el corazón de mi hija, y concede que hoy tengan cumplimiento las oraciones de su madre: que ella sea salva". Al levantarse la hija abrazó á su padre y lo besó, diciéndole: "Quiero ir a donde está mi madre, quiero ser cristiana". Aceptó a Cristo ese mismo día. Aquel Señor es ministro del Evangelio hoy en Tejas. La hija murió allí hace poco y está con su madre en el cielo. ¡Qué encuentro tan feliz y gozoso han de haber tenido! Quizás vuestro hermano, vuestra hermana o amigo os llaman desde allí. Sea quien fuere, no os detengáis.

Se nos refiere que un padre de familia llevó a su hijita consigo durante la noche a una ciudad donde le era necesario ir. Estaba la noche muy oscura. Ellos tenían que atravesar un bosque espeso para llegar a la ribera de un río. Lejos de allí podían distinguir las luces de la otra ribera encendidas en las pocas casas que se encontraban desparramadas por allí; y, todavía más lejos, las brillantes lámparas de la gran ciudad a donde se dirigían. La niña, cansada, casi se dormía en brazos de su padre, mientras esperaban al barquero que se encontraba del otro lado. Al fin se distinguió una débil luz; y pudo escucharse con más precisión el sonido de los remos. Poco después estaban sentados en la embarcación.

— Papá, dijo la niña.

— ¿Qué? hija mía.

— Está muy oscuro, no puedo ver la ribera. ¿A dónde vamos?

— No tengas cuidado, chiquita, el remero sabe el camino. Pronto vamos a llegar.

— ¡Ojalá estuviéramos allí, papá ¡

Muy pronto llegaron a su hogar y, en brazos de los que la amaban, desaparecieron sus temores. Pasan meses y otra vez la misma niña se halla en la ribera de un río más hondo; más oscuro, más temible. Es el Río de la muerte. Su padre está allí, sumamente estristecido, porque su hija tiene que atravesar ese río sin que él pueda acompañarla. Hace días y noches que él y su madre han estado velando al lado de su lecho, abandonándolo tan solo para comer y para rogar por la vida de esa preciosa criatura. Lleva horas durmiendo y parece que su espíritu debe partir sin que ella despierte. Pero poco antes del alba se despierta, de repente sus ojos brillan; su razón se esclarece, avívanse todas sus facultades y sonríe.

— Papa, dijo, estoy otra vez en la ribera del río, y aguardo al barquero que me conduzca al otro lado.

— ¿Te parece que ahora también está oscuro y frío, como en aquella noche que atravesamos el otro lado del río, hijita?

— ¡Oh no! Aquí no hay oscuridad. El río está cubierto de una flotante capa de plata. La barca que se aproxima parece ser de maciza luz y no tengo miedo del barquero.

— ¿Puedes ver el otro lado del río, alma mía?

— ¡Oh sí! Allí hay una grande y hermosa ciudad llena de luz, y oigo música de ángeles.

— ¿Ves alguien al otro lado?

— ¡Sí, sí! Veo una forma hermosísima, que me está llamando. ¡Oh, barquero, aproxímate; yo sé quién es es; Jesús, mi bendito Jesús! Él me recibirá en sus brazos. Descansaré en su seno: ¡voy, voy!

Así ella atravesó el rio de la muerte, trasformado en un arroyo de plata por la presencia del bendito Redentor.

ALGO MÁS

Acaso no hallaréis a un hombre, por grande que sea su riqueza o su posición social, que no os diga, en confianza, que no es feliz. Le falta algo que no quede tener, o tiene algo de lo que quiere desprenderse. Es dudoso si el Zar de las Rusias es feliz, a pesar de que tiene casi todo lo que pueda desearse. La Reina Victoria tiene castillos, millones a su disposición y posee algo también de lo que casi todos los monarcas carecen, es decir, el amor de sus súbditos; pero es problemático que su posición le proporcione mucho placer. Si uno y otra aman al Señor Jesucristo y son salvos, entonces pueden ser felices. Si ellos saben que tienen que ingresar en el cielo como el más humilde de sus súbditos, entonces pueden estar seguros. Pablo, el humilde hacedor de tiendas, tendrá un asiento más elevado en el cielo que el mayor y mejor soberano que jamás ha reinado en el mundo. Si el Zar encontrase en el cielo a Juan Bunyan. el pobre latonero, sin duda lo contemplaría en una posición más elevada que la suya propia.

La vida cristiana es la única vida feliz; siempre hace falta algo. Cuando somos jóvenes alentamos grandísimas aspiraciones, pero no las realizamos por ser demasiado temerarios. Necesitamos de la experiencia. Cuando llegamos a ser ancianos poseemos la experiencia, pero ya no tenemos poder de llevar a cabo nuestros proyectos. "Feliz el pueblo cuyo Dios es Jehová". Sólo siendo buenos podemos ser felices. El hombre que roba por necesidad, peca porque tiene miedo de ser infeliz, pero al mismo tiempo se olvida que su pecado le va a hacer más infeliz. El hombre es la más noble e insigne criatura que existe sobre la tierra, por malo que sea, y es fácil comprender cómo él no puede hallar la verdadera felicidad en alguna cosa más baja que él mismo. El único ser mejor que nosotros mismos es Dios, y no podemos quedar satisfechos con nada menos. El oro, pura escoria que se extrae de la tierra, no satisface al hombre; como tampoco el honor ni la alabanza de otros hombres. El alma humana necesita más que eso, y en el cielo lo hallará. No es de admirarse que sean tan felices los ángeles que ven a Dios siempre.

Los publicanos acudían en el desierto a Juan bautista para preguntarle que debían hacer. Algunos de los más célebres hombres de Judea fueron a consultar a aquel ermitaño sobre el modo de conseguir la felicidad. "El que confía en el Señor es feliz". Por lo mismo que no existe verdadera felicidad en la tierra, no vale la pena vivir para ella; y por lo mismo que toda felicidad se da en el cielo, por esto vale la pena morir por él. En el cielo todo es vida, no hay muerte. En el infierno no hay vida, todo es muerte. Aquí en el mundo, lugar intermedio entre uno y otro, tenemos la vida y la muerte. Si morimos al pecado aquí, viviremos en el cielo; y si vivimos en el pecado aquí, podemos aguardar la muerte eterna como resultado inevitable.

¿Sabéis que todo pecador convertido muere dos veces? Primero muere espiritualmente para con el pecado y tiene alma renovada. Entonces comienza a sentir el gozo del cielo. Los goces del cielo descienden a la tierra en tanta cantidad y con tanta seguridad como los rayos del sol. Entonces viene la muerte natural, que abre el camino al cielo mismo. Por supuesto se tiene que dejar el cuerpo natural, no lo podemos llevar al cielo. El cuerpo que recibiremos en la resurrección será cuerpo glorificado, pero no será pecaminoso. Será trasfigurado como el de Cristo.

Además, no habrá tentación allí. Si no hubiese tentación en el mundo ahora, no nos podría probar Dios. Él quiere ver si somos leales. Por eso puso el árbol del fruto vedado en el Paraíso, y por eso permitió á los Israelitas pelear con los Cananitas. Cuando se planta una semilla, desaparece y, después de algún tiempo, se produce otra que al parecer es la misma pero que en realidad es distinta. Así también serán resucitados nuestros cuerpos y los de aquellos a quienes conocemos y amamos, parecerán ser los mismos, pero no serán del todo los mismos. Cristo llevó al cielo el mismo cuerpo que estuvo crucificado en el madero, a no ser que fuese trasformado en la nube, después de que los discípulos ya no le vieron. Debe haber habido algún cambio en el aspecto de Cristo después de su resurrección pues, a pesar de ser la primera que lo vio, María Magdalena no lo reconoció. Tampoco sus dicípulos, que anduvieron con Él y hablaron con Él acerca de su propia persona; no lo conocieron hasta que comenzó a bendicir el pan en la cena. Aun Pedro no lo distinguió cuando se le presentó en la ribera del mar. Tomás no quiso creer que era Cristo hasta que vio las hendiduras de los clavos y la herida de su costado. Pero todos lo conoceremos en el cielo.

Dos cosas hay en la Biblia tan evidentes y ciertas como la eternidad misma. Una es que vamos a ver a Cristo, otra que seremos semejantes a Él. Dios no esconderá su rostro de nosotros allí, y Satanás jamás nos mostrará el suyo.

No hay mucha diferencia entre la gracia y la gloria. La gracia es el botón y la gloria es la flor. La gracia es la gloria comenzada, y la gloria es la gracia perfeccionada. No será difícil para los que sirven a Dios aquí servirle cuando suban allá. Cambiarán de lugar, pero no de ocupación.

MÁS ARRIBA

Luego que una persona llega a ser de ánimo celestial y pone su afecto y su corazón en las cosas de arriba, entonces la vida es hermosa, la luz del cielo ilumina muestro camino, y no nececitamos estar siempre reprochándonos y reprendiéndonos porque no estamos en compañía de Cristo. Alguien preguntó a un escosés si estaba en el camino que conduce al cielo, y contestó: "No, no estoy en el camino, yo vivo allí". Vivía allí. Debemos vivir en el cielo; mientras andamos en este mundo es nuestro privilegio tener nuestro corazón y nuestros afectos puestos en el cielo.

Un amigo mío, el Sr. Morehouse, me refirió un hecho relativo a una señora que vive en Londres. Ella halló a una pobre mujer que por muchos años no había dejado su cama pero que era una verdadera santa. Al mismo tiempo conocía a una señora rica que no hacía más que murmurar y lamentarse de su suerte. A veces me parece que aquellas personas a quienes Dios favorece más en lo temporal, piensan y se cuidan menos de Él y son menos fervientes en servirle. La señora referida, sin embargo, era misionera entre los pobres, y visitaba a esa pobre mujer desvalida. Afirmaba que cuando se sentía triste y deseaba consuelo y felicidad en su corazón, solía ir a visitar a esa pobre pero santa mujer. La misionera quiso que la señora rica fuera con ella para verla, la invitó a que la aconpañara, pero sin éxito; al fin consintió. Al llegar a la casa, subieron una escalera que estaba oscura y no muy limpia.

— ¡Qué lugar tan horrendo!, dijo la señora. ¿Por qué me ha traído Ud. aquí?

La señora se sonrió y repuso: "Es mejor más arriba".

Subieron otra, sin que hubiese más luz y otra vez se quejó la señora rica. Su amiga le volvió a decir. "Es mejor más arriba". Al llegar al último piso abrieron una puerta y entraron en un bonito cuarto, con su alfombra, macetas en el balcón, y un pajarito en una jaula cantando. Allí estaba aquella mujer santa sonriendo, y la primera cosa que la señora rica le dijo fue lo siguiente:

—¡Qué cosa tan penosa debe ser estar postrada aquí en su lecho de dolor!

— ¡Oh!, repuso la enferma, ¡eso no es nada; es mejor más arriba!

Si las cosas del mundo no nos satisfacen; si tenemos congojas y sufrimientos, el cristiano puede siempre decir: Es mejor más arriba, es mejor más allá". Nosotros podemos alzar nuestro corazón y regocijarnos, mientras caminamos hacia el hogar eterno.

Más allá de la risa y el llanto,
    Presto estaré:
Más allá de la vigilia y el sueño,
    Mas allá de la siembra y la siega,
Presto estaré.
    ¡Amor, reposo y hogar!
¡Dulce Hogar!
    Señor, no te tardes, ven presto.

Más allá del oriente y del ocaso.
    Presto estaré;
Más allá de la calma y el ansia,
    Más allá del recuerdo y el olvido,
Presto estaré.
    ¡Amor, reposo y hogar!
¡Dulce hogar!
    Señor, no te tardes, ven presto.

¡Jerusalén celeste!
　　¿Tu gloria no veré,
Y en tu raudal de dichas
　　Jamás me saciaré?

Patria siempre anhelada
　　Ajena del dolor,
Por ti en todo momento
　　Suspiro con fervor.

A todas horas vuelvo
　　Mi vista hacia el lugar
Donde te mira absorta
　　Mi fe sin vacilar.

Allí bondoso y pío,
　　Me aguarda siempre Dios,
E invítame a que vaya
　　Con amorosa voz.

¡Jerusalén bendita!
　　Mansión de eterno bien.
Que vuele yo muy presto
　　A tan sublime Edén.

(E. F. y B.)

CAPÍTULO 4

SU CERTIDUMBRE

Hay personas que razonan tanto que hasta arrojan a Dios de su creencia. Dicen que Dios no es una personalidad a quien podamos jamas ver. Dicen que Dios es espíritu. Es cierto; pero es, a la vez, un Dios personal, y se hizo hombre y en cierto tiempo transitó por el mundo. La Escritura nos declara claramente que Dios tiene su morada. De eso no cabe duda. La morada indica la personalidad. La morada de Dios es el cielo. Tiene un hogar y nosotros vamos a vivir en él, por tanto lo veremos.

En el cap. 8. v. 30 del 1er Libro de los Reyes leemos: "Oye, pues, la oración de tu siervo y de tu pueblo Israel; cuando oraren en este lugar también tú lo oirás en el lugar de tu habitación, desde los cielos: que oigas y perdones".

No es conforme a la Escritura la idea de que el cielo esté en todas partes y en ninguna parte. El cielo es la habitación de Dios. Cuando Cristo estuvo en el mundo nos enseñó a decir: "Padre nuestro que estás en los cielos". Esa habitación se llama "la Ciudad de la Vida Eterna". ¡Pensad en una ciudad sin cementerio! Allí no mueren. Si hubiese tal ciudad en el mundo, cómo se apresurarían todos para ir allá. Todos desearían vivir en ella. Pero no se la puede hallar en todo el mundo.

El cielo es una ciudad sin lágrimas, Dios las enjuga todas. Ahora se llora, pero llegará un tiempo en que Dios nos llamará a donde no habrá lágrimas, a esa ciudad sin dolor, sin tristeza, sin enfermedad, sin muerte y sin tinieblas. El Cordero es su luz, por eso no necesita de sol ni de luna. No se puede comparar el paraíso terrenal con el paraíso eterno. Allí entró el tentador y triunfó, pero en aquella ciudad no entrará nada que pueda profanarla. No habrá tentador, ¡Imaginaos una ciudad en donde la tentación jamas podrá entrar! ¡Pensad que allí seremos libres del pecado, que allí nunca se conocerá cosa impura, que allí reinarán los justos para siempre! ¡Figuraos una ciudad no hecha de manos, donde los edificios no se envejecen ni caen, ciudad cuyos habitantes jamas han sido contados, sino tan solo en el Libro de la Vida, que es el directorio del cielo! ¡Representaos una ciudad exenta del tumultuoso oleaje producido por el tráfico diario, por cuyas calles no transitan fúnebres carros que arrastran pausadamente sus cargas a la negra tumba; una ciudad libre de dolores y sepulcros, de pecados y sufrimientos, sin casamientos ni duelos, sin nacimientos ni entierros; una ciudad, en fin, cuya gloria consiste en tener a Jesús por su rey, ángeles por sus guardias, y cuyos ciudadanos son santos!

Creemos que existe ese lugar lo mismo que creemos que existen París, Nueva York y Londres. Estamos más seguros en cuanto a su permanencia, pues esas ciudades terrestres desaparecerán, pero la ciudad eterna permanecerá para siempre jamas. "Tiene fundamentos cuya artífice y hacedor es Dios". Algunas de las más espléndidas ciudades que han existido no tuvieron fundamentos bastante firmes para permanecer.

INCIENSO A LA "REINA DEL CIELO"

Mirad, por ejemplo, a Tiro y Sidón. Eran ciudades rivales, así como lo son Nueva York y Filadelfia, o San Luis y Chicago. Cuando bendijo a sus hijos, el patriarca Jacob habló de Sidón. En la repartición de la tierra de Canaán por Josué entre las tribus de Israel, Tiro y Sidón parece que fueron cedidas a Aser, aunque los antiguos habitantes no quedaron nunca totalmente expulsados. En el cap. 3º de San Márcos se dice: "Jesús se apartó al mar con sus discípulos, y le siguió gran multitud de Galilea y de Judea y de Jerusalé y de Iduméa y de la otra parte del Jordán, y los que moraban alrededor de Tiro y Sidón, grande multitud, oyendo cuán grandes cosas hacía, vinieron a él". Leemos también, en el cap. 26 versículo 3 de los Hechos, que el centurión Julio, encargado de llevar a Pablo preso a Roma para que apareciera ante el César, le permitió, al llegar la nave a Sidón, ir a visitar a algunos amigos suyos, "para ser de ellos asistido". De esto se infiere que debe haber habido una iglesia cristiana en esa ciudad, aunque, por lo general, sus habitantes adoraban a la Reina del Cielo, a quien representaban siempre coronada de la luna creciente.

En la actualidad algunas personas, según sabemos, adoran a una "Reina del cielo", a quien representan con la luna debajo de sus pies. Los mismos hebreos, viendo la luna en toda su hermosura, bogando por el límpido cielo de Palestina, quedaron tan impresionados de su belleza que la hicieron también objeto de su idolatría. Dice Jeremías: "Los hijos cogen la leña, y los padres encienden el fuego, y las mujeres amasan la masa para hacer tortas a la reina del cielo y para hacer ofrendas a dioses ajenos". El profeta los reprende y luego el pueblo le responde según consta en el cap. 44, comenzando con el versículo 16: "La palabra que nos has hablado en nombre de Jehová, no oímos de ti; antes pondremos ciertamente por obra toda palabra que ha salido de nuestra boca, para ofrecer sahumerios a la reina del cielo y para derramar libaciones, como hemos hecho nosotros y nuestros padres". No es de admirarse, pues, que en el mismo capítulo, el profeta se dirija a ellos como sigue: "No pudo sufrir más Jehová a causa de la maldad de vuestras obras, a causa de las abominaciones que habíais hecho: por tanto vuestra tierra fue en asolamiento y en espanto y en maldición hasta no quedar morador, como parece hoy".

En la resurrección no se casan, ni se dan en matrimonio, y no habrá Reina en el cielo.

Josué se refiere a Tiro como una ciudad fuerte, y también Isaías y Ezequiel hablan de ella en el mismo sentido. En efecto, hallamos mucho en la Escritura relativo a ella. Pelearon por ella Nabucodonosor, Alejandro Magno y otros reyes; y un sin número de vidas han sido sacrificadas por conquistar lo que hoy es una grande ruina. Alejandro la destruyó una vez, pero fue reedificada después. En la inspirada Palabra de Dios encontramos descripciones de lo que fue Tiro en esas épocas, las cuales sobrepujan todo lo que la historia nos refiere referente a ella. Todo el cap. 27 de Ezequiel dice en relación a Tiro:

"Dirás a Tiro, que está asentada a las entradas del mar, mercadera de los pueblos de muchas islas: Así ha dicho el Señor Jehová: Tiro, tú has dicho, Yo soy de perfecta hermosura. En el corazón de los mares están tus términos; los que te edificaron, completaron tu belleza. De hayas del monte Senir te fabricaron todas las tillas, tomaron cedros del Líbano para hacerte el mástil. De fino lino bordado de Egipto fue tu cortina, para que te sirviese de vela; de cárdeno y grano de las islas de Elisah fue tu pabellón". Más adelante dice: "Tus riquezas y tus mercaderías y tu negociación, tus remeros y tus pilotos, los reparadores de tus hendiduras y los agentes de tus negocios y todos tus hombres de guerra que hay en ti, con toda tu compañía que en medio de ti se halla, caerán en medio de los mares el día de tu caída". Y en el cap. 28: "Enalteció se tu corazón a causa de tu hermosura; corrompiste tu sabiduría a causa de tu resplandor, yo te arrojaré por tierra, delante de los reyes te pondré para que miren en ti".

Literalmente se han cumplido las terribles profecías de su caída. Las hallamos en el cap. 26 comenzando en el versículo 3: "Así ha dicho el Señor Jehová: He aquí que yo contra ti, oh Tiro, y haré subir contra ti muchas gentes, como la mar hace subir sus ondas. Y demolerán los muros de Tiro y derribarán sus torres; y raeré de ella su polvo, y la dejaré como una peña lisa. Tendedero de redes será en medio de la mar, porque yo he hablado, dice el Señor Jehová; será saqueada de las gentes".

Los viajeros dicen que el sitio de Tiro "no es más que un montón de ruinas, columnas y arcos rotos, muros y torres derribados, y unos cuantos miserables viviendo entre aquellos escombros". Gran parte de ella está bajo el agua, "tendedero de redes", y lo demás es realmente, cual "una peña lisa".

Así va pasando la gloria del mundo. Este libro, la Biblia, nos relata la gloria de una ciudad que ya no podemos ver, pero que ha existido; y nos habla de otra ciudad más grande, más hermosa, que no hemos visto aún, pero que veremos, si continuamos el camino.

"¿Por qué a mundo superior,
    A la Sion sin par,
Do todo es gozo, paz y amor,
    Podido han llegar?

"Porque el Señor su sangre dio
    Les ha librado así;
Su sangre pura les lavó.
    Y pueden ir allí.

"Ropaje blanco de esplendor
    Reviste cada cual;
Están allí con el Señor
    En dicha eternal".

NUESTROS NOMBRES
ESTÁN INSCRITOS

Cierto día dos hombres, antes de la salida del sol, comenzaron a disputar sobre el sitio en que había de aparecer este. Su disputa tomó tales proporciones que llegaron a las manos y se dieron de golpes en la cabeza. De ahí resultó que, cuando el sol salió, ninguno de los dos podía verlo. Hay personas que disputan tanto acerca del cielo, que su discusión les impide entrar en él. Otros, por el contrario, disputan tanto acerca del infierno, que su discusión los precipita en él.

Nos dicen los libros de los judíos que hay tres cielos distintos. El aire, el viento, el espacio donde vuelan las aves, es un cielo; el firmamento, donde vemos las estrellas, es otro, y más allá de esos, está el cielo de los cielos, donde radica el trono de Dios y las mansiones del Señor, esas moradas de luz y paz que son el hogar de los bienaventurados en que habitan el Redentor y los redimidos. Aquel es el cielo donde Cristo está. Es el lugar del cual leemos en el Deuteronomio: "He aquí de Jehová tu Dios son los cielos y los cielos de los cielos, la tierra, y todas las cosas que hay en ellas".

En la epístola de Pablo a los Corintios, hablando él por sí mismo, dice: "Conocí a un hombre en Cristo, que hace catorce años (si en el cuerpo, no lo sé; si fuera del cuerpo, no lo sé; Dios lo sabe,) fue arrebatado hasta el tercer cielo".

Algunas personas se han preocupado acerca del significado que tendrá ese tercer cielo. Allí mora Dios y las tormentas no llegan jamás. Allí está el juez incorruptible.

Pablo, cuando fue arrebatado hasta allí, oyó palabras secretas que el hombre no puede decir, y vio cosas de las que no podía hablar aquí abajo. Mientras más alto llegamos en lo espiritual, tanto más cerca parecemos estar del cielo. Allí se ven cumplidos al fin nuestros deseos. Podemos exclamar con el Salmista: "Una cosa he demandado a Jehová; esta buscaré: ¡Que esté yo en la casa de Jehová todos los días de mi vida, para contemplar la hermosura de Jehová!"

Cristo mismo nos asegura que nuestros nombres estarán escritos en el cielo si tan solamente pertenecemos a Él. En el cap.10, versículo 20 de San Lucas, consta: "Mas no os gocéis en esto, a saber, que los espíritus se os sujeten; mas antes gozaos de que vuestros nombres están escritos en los cielos". Poco antes de decir estas palabras, el Salvador llamó a setenta discípulos y los envió de dos en dos a predicar el Evangelio a todos los hombres. Hay gentes hoy que no tienen esperanza ninguna en los avivamientos religiosos. Sin embargo, el más grande avivamiento que ha visto jamás el mundo, tuvo lugar durante los tres o cuatro años en que predicaban Juan Bautista y Jesús, seguido por la predicación de los apóstoles y discípulos después de haber dejado Jesús la tierra. Por algunos años todo el país quedó agitado desde un término hasta el otro. Probable es que había hombres entonces que resistieron el movimiento. Lo calificaron de convulsivo y rehusaron creer en él. Decían que era cosa que atraía la admiración del pueblo, pero que desaparecería presto sin que quedase resto de él. Sin duda los hombres de esa época hablaban precisamente lo mismo que ahora. Desde los tiempos de Cristo y sus apóstoles hasta hoy, ha habido hombres que se han opuesto a la obra de Dios, algunos de ellos profesando ser discípulos de nuestro Señor Jesucristo; y todo porque no ha sido emprendida de la manera que ellos deseaban. Cuando el Espíritu de Dios viene, Él opera su propio método. Preciso es que aprendamos que a nosotros no nos toca señalar sendas ni métodos para Él, pues Él determinará su propio método cuando venga.

Los discípulos arriba referidos volvieron después de cumplidos sus trabajos. El espíritu había trabajado con ellos, los demonios se les sujetaban, tenían poder sobre las enfermedades y sobre el enemigo, y el éxito coronó su empresa. Probablemente a causa de esto ellos celebraban un culto de acción de gracias cuando Cristo les dijo: "No os gocéis de que los espíritus se os sujeten, antes gozaos de que vuestros nombres están escritos en los cielos". Este pasaje nos pone delante la doctrina de la certidumbre de la salvación. En las muchas partes del mundo en que he viajado, he hallado muchas personas que no aceptan esta doctrina. Creen imposible que sepamos si somos salvos o no. Si fuere cierto eso, ¿qué harémos con lo que Cristo dijo según lo hallamos en esas palabras? Si está escrito mi nombre en el cielo, ¿cómo me he de regocijar si lo ignoro? Aquellos hombres debían gozarse de que sus nombres estuviesen inscritos allí, y también todos los que verdaderamente sean hijos de Dios, sus nombres serán registrados en aquel lugar.

Hace algunos años cierta compañía de señores y señoras americanos, en camino de Londres a Liverpool, decidieron parar en el Hotel Northwestern, pero, llegados allí, hallaron lleno aquel hotel.

Grande chasco experimentaron y, tomando sus equipajes, se iban de allí cuando notaron a cierta señora de su compañía preparándose para quedarse.

—Qué ¿no se va Ud. también?, preguntaron.

— Oh no, repuso ella, tengo una buena habitación aquí.

— ¿Cómo es eso?

—Oh, dijo ella, yo telegrafié de antemano hace pocos días.

Esto es lo que están haciendo los hijos de Dios, están enviando sus nombres de antemano; están asegurando oportunamente lugar en las mansiones de Cristo. Si somos verdaderamente hijos de Dios nuestros nombres nos habrán precedido y se nos reservarán mansiones al fin de nuestro viaje. Sabéis que no somos más que viajeros en este mundo. Estamos ausentes de nuestro hogar. Durante la guerra civil en los Estados Unidos, los soldados en el campo de batalla, tanto los del Sur como los del Norte, no querían vivir sino en tiendas de campaña. Ellos deseaban que la guerra concluyese para volver a sus hogares. No querían tener palacios ni mansiones sobre el campo de batalla; así también nosotros en la actualidad estamos empeñados en una terrible batalla y, después que sea concluida, Dios nos llamará a nuestros hogares. Las tiendas y los altares son bastante buenos para nosotros mientras viajamos a través de este mundo. Ahora la noche nos rodea, luego amanecerá el día eterno.

EL LIBRO DE LA VIDA

Hace algunos años, dos señoras se encontraron en un tren, una de ellas viajando al Cairo y la otra a Nueva Orleans. Antes de llegar al Cairo ellas habían llegado a ser buenas amigas, y la señora que se dirigía al Cairo dijo a la que iba a Nueva Orleans:

"Ojalá se quedara Ud. algunos días en el Cairo conmigo; tendría mucho gusto de tenerla a Ud. en mi casa".

La otra repuso: "Eso me daría gustaría mucho, pero todas mis cosas están ya empaquetadas y de antemano las he enviado con el equipaje, y no traigo más que lo que llevo puesto que es propio para viajar".

Aquello me sirvió de lección. Dije para mí: cualquier cosa es bastante buena para el viaje, y es mucho mejor tener nuestros goces y consuelos aguardándonos en el cielo, listos para nuestra llegada y no destruirlos en este viaje terrestre tan cansado y penoso.

El cielo es el lugar de victoria y de triunfo. Este es el campo de batalla, aquella la procesión triunfal. Esta es la tierra de la espada y de la lanza, aquella la tierra del laurel y de la corona.

¡Oh! ¡Qué gozo inefable experimentarán los corazones de los bienaventurados cuando vean cumplidas sus conquistas en el cielo; cuando la muerte misma, último enemigo, será muerta y Satanás arrastrado, cual vil cautivo, por las ruedas del carro victorioso de Cristo! Ríanse, disputen y búrlense cuanto quieran los hombres de esta doctrina de la certidumbre de la fe, pero lo cierto es que es doctrina claramente enseñada en las Santas Escrituras.

Muchos se admiran cuando se afirma que hay libros en el cielo; pero hallamos en el cap. 12 de la profecía de Daniel, versículo 1:"Y en aquel tiempo se levantará Miguel, el gran príncipe que está por los hijos de tu pueblo; y será tiempo de angustia, cual nunca fue después que hubo gente hasta entonces; mas en aquel tiempo será libertado tu pueblo, todos los que se hallaren escritos en el libro".

Un tiempo terrible vendrá sobre la tierra; días tan oscuros cual nunca los hemos visto y, sin embargo, serán libertados aquellos cuyos nombres estén inscritos en el Libro de la Vida. Otra vez, leemos en el cap. 4, versículo 3 de los Filipenses: "Así mismo te ruego también a ti, hermano compañero, ayuda a los que trabajaron juntamente conmigo en el evangelio, con Clemente también, y los demás mis colaboradores, cuyos nombres están en el libro de la vida".

Pablo, escribiendo a los cristianos de Filipos, donde sufrió tanta oposición y donde lo encarcelaron, dice en efecto: Llevad mis recuerdos a los buenos hermanos que trabajaron conmigo y cuyos nombres están escritos en el Libro de la Vida. Esto muestra que se enseñaba la doctrina de la certidumbre de la fe en los primeros días del Cristianismo. ¿Por qué no enseñarla y creerla hoy?

Me han asegurado algunos viajeros del Oriente, que han estado en la China, que ese pueblo tiene en su corte dos grandes libros y que, cuando se juzga a un hombre y lo hallan inocente, escriben su nombre en el libro de la vida. Si lo hallan culpable, escriben su nombre en el libro de la muerte; y yo creo firmemente que todo hombre y mujer tiene su nombre inscrito en uno u otro libro. No podéis tener vuestro nombre en ambos libros a la vez. No podéis estar en la vida y en la muerte al mismo tiempo; y es vuestro privilegio saber a cuál pertenecéis.

En el cap. 13 del Apocalipsis, versículo 8, leemos: "Y todos los que moran en la tierra le adorarán (es decir al anticristo) cuyos nombres están escritos en el libro de la vida del Cordero, el cual fue muerto desde el principio del mundo".

Otra vez, en el cap. 20 y versículo 12: "Y vi los muertos, grandes y pequeños, que estaban delante de Dios y los libros fueron abiertos; y otro libro fue abierto, el cual es de la vida, y fueron juzgados los muertos por las cosas que estaban escritas en los libros, según sus obras".

Otra vez en el cap. 21, versículo 27: "No entrará en ella ninguna cosa sucia o que hace abominación y mentira, sino solamente los que están escritos en el libro de la vida del Cordero".

Donde hay incertidumbre no puede haber verdadera paz, no puede haber verdadera esperanza no puede haber verdadero consuelo. Si estoy en duda acerca de mi propia salvación, no soy apto para el servicio de Dios, ni puedo salir a trabajar por Dios.

NO HAY LUGAR PARA LA DUDA

Una madre tiene un niño enfermo. El niño vacila entre la muerte y la vida. Aquella madre no puede descansar. Acaso tenéis a un amigo viajando en un tren que, por un incidente cualquiera, queda destrozado; llega la noticia de haber sido heridos o muertos veinte de los viajeros, pero no se dicen sus nombres; existe una terrible incertidumbre y no tenéis paz ni reposo hasta saber la verdad. La razón por la que hay tantos en la iglesia que no quieren salir a ayudar a los demás es porque no están ciertos si ellos mismos son salvos. Si yo pensara que iba a morir, no estaría, a la verdad, muy dispuesto para salvar a otro. Antes de salvar al que se ahoga, debo primero asegurarme de que mis pies estén firmes en la tierra.

Podemos tener esta completa certidumbre de fe si queremos. No basta sentir que estamos bien, debemos saberlo. Es preciso que veamos con toda evidencia, nuestros nombres inscritos en las mansiones celestiales. Dice el apóstol Juan: "Amados, ahora somos hijos de Dios". No dice que lo vamos a ser.

Cuando se les pregunta a algunas personas si son cristianas, responden de una manera sumamente extraña. Algunos dicen: "Pues... pues... yo... espero que sí". Suponed que se me preguntase si soy americano. ¿Diría yo acaso: "Pues... pues... yo... espero que sí?" Sé que nací en este país, y sé que nací del Espíritu de Dios hace más de veinte años. Todos los incrédulos del mundo no podrían convencerme de que no tengo un espíritu diferente del que tuve antes de ser cristiano. Lo que nace de la carne, carne es, y lo que nace del Espíritu, Espíritu es, y el hombre fácilmente puede saber si es nacido del Espíritu, por el cambio en su vida. El Espíritu de Cristo es Espíritu de amor, de paz, de gozo, de humildad y de mansedumbre, y pronto podemos saber si hemos nacido de ese Espíritu o no; no se nos deja en la incertidumbre. Job vivía en las edades oscuras, pero él lo sabía. Las oscuras ondas rodeaban y se embravecían contra él, pero en medio de la tempestad podéis oir su voz decir: "Yo sé que vive mi Redentor". Él no estaba inseguro.

Un hombre puede estar inscrito en las más insignes crónicas de este mundo, pero se puede perder el registro; acaso lo tendrá grabado en mármol, pero puede perecer; alguna institución filantrópica puede llevar su nombre, y sin embargo él puede ser olvidado; pero jamas será borrado su nombre de los archivos celestiales. Pretender inmortalizar un nombre en el mundo, equivale a querer escribirlo sobre la arena que forma las playas del mar; para ser perpétuo debe estar escrito en las playas eternas. Nadie cree que Poncio Pilato es un santo porque es mencionado en el Credo. Se ha dicho que el modo de ver escritos nuestros nombres en el Libro de la Vida es leer la obra de la santificación en nuestros propios corazones. No son necesarios ni una voz milagrosa del cielo, ni señales sorprendentes, ni sentimientos extraordinarios. Sólo nos es preciso que nuestros corazones deseen a Cristo y aborrezcan el pecado, y que nuestras mentes obedezcan los mandatos divinos.

Estamos seguros de que el solo hecho de pertenecer a alguna iglesia no nos salvará, aunque todo hombre regenerado debe unirse a una. Cuando Daniel murió en Babilonia, nadie tuvo que registrar los archivos de ninguna iglesia para cerciorarse de su rectitud. Cuando Pablo fue degollado por Nerón, nadie tuvo que buscar su nombre en los archivos de la iglesia. Ellos vivían de tal manera que el mundo sabía lo que eran. Dice Pablo:

"Estoy cierto que es poderoso para guardar mi depósito para aquel día". Aquí tenéis la certidumbre. "¿Quién nos apartará del amor de Cristo?, dice, ni la muerte, ni la vida, ni ángeles, ni principados, ni potestades, ni lo presente, ni lo porvenir". Los desafía a todos, pero nadie podía apartarlo del amor que tenía depositado en Cristo.

Es deshonroso para Dios estar aguardando día tras día que queramos ser salvos. Sin embargo, hay algunos que no deben tener la certidumbre. Desgraciado sería que un miembro inconverso de la iglesia tuviese la certidumbre de la fe. Algunos abrigan una certidumbre que no debían tener, sus vidas no corresponden a ella. Esta clase de personas está representada por aquel hombre que en el festín se presentó sin el traje nupcial.

FALSAS PROFESIONES

Son parecidas a algunos lirios que son primorosos pero que tienen mal olor. Son como cáscaras secas sin nueces dentro. Los de las Cruzadas solían llevar cruces pintadas sobre sus hombros. Así también hay muchos hoy que llevan cruces que no les pesan, cosas de mero adorno, pasaportes de respetabilidad, ficciones que cuestan poco, para indicar luchas que jamás emprendieron y coronas por las que jamás han batallado.

Con frecuencia podéis observar un pez muerto flotando sobre la corriente, pero nunca habéis visto un pez muerto, nadando contra ella. He aquí, pues, los falsos creyentes; tales son los hipócritas. La profesión es flotar con la corriente, pero la confesión es nadar contra ella, por fuerte que sea la marea. Estiman el cielo de una manera muy distinta el hombre santificado y el que no lo es. El hombre no santificado escoge el cielo simplemente con preferencia al infierno. Piensa que, si tiene que ir a uno o a otro, es preferible ir al cielo. Es como un hacendado a quien se le ofrece una hacienda en otro país, donde se asegura que hay una mina de oro. No le agrada nada desprenderse de lo positivo, aspirando a algo probable. Pero si le van a desterrar y tiene que irse a la fuerza, y se le presenta la alternativa de vivir en un desierto o cavar en una mina de carbón de piedra o bien la mina de oro, entonces no hay lugar a la vacilación. Al hombre inconverso le gusta más el cielo que el infierno, pero le gusta este mundo más que todo. Cuando ve la muerte cara a cara, entonces le parece que sería bueno ir al cielo. El verdadero creyente, sin embargo, aprecia el cielo sobre todas las cosas y siempre está listo para renunciar al mundo. Todos quieren gozar del cielo después de la muerte, pero no quieren tener un ánimo celestial mientras viven. Para el cristiano es una promesa segura que no le deja dudar.

Mientras es niño, el heredero de una vasta posesión estima más el dinero que tiene en su bolsa que toda su herencia; así también algunos cristianos experimentan más gozo con su placer pasajero que con la anticipación de su derecho a la gloria eterna. Dentro de poco estaremos allí. ¡Cuán glorioso es este pensamiento! ¡Todo está listo, para eso subió Cristo al cielo! Dentro de poco habremos desaparecido de aquí. Estamos:

"Tan solo aguardando que las sombras
Hayan crecido un poco más,
Tan solo aguardando que el último crepúsculo
Del día, del todo haya desaparecido;
Entonces, de enmedio de la oscuridad que nos
    circunda,
Brotarán las santas e inmortales estrellas,
Con cuya luz alumbradas nuestras almas,
Gozosas emprenderán su camino hacia el cielo."

¡JERUSALÉN, hogar feliz!
Sagrado para mí;
Mis penas ¿cuándo cambiaré
En gozo y paz, en tí?

Y ¿cuándo, ¡oh casa de mi Dios!
Tus calles pisaré?
Y ¿cuándo allí ¡oh Salvador!
Tu gloria cantaré?

Allí profetas, mártires,
Adoran a Jesús;
Apóstoles y ángeles
Ya gozan de tu luz.

Y yo también pronto iré
Mi arpa a tocar;
La gracia de nuestro Rey
Con ellos a alabar.

CAPÍTULO 5

SUS RIQUEZAS

Ningún hombre se cree rico hasta que tiene todo lo que quiere. Pocas personas quedan satisfechas con las riquezas terrestres. Si desean alguna cosa que no pueden tener, eso es para ellas una especie de pobreza. A veces, cuanto más rico es un hombre, más grande es su pobreza. Alguien ha dicho que la adquisición de riquezas trae penas, la posesión de ellas trae molestia, su abuso trae culpa y su pérdida trae dolor.

Grandísima equivocación es apreciar tanto las riquezas como lo hacemos; sin embargo, hay algunas riquezas que no podemos nunca alabar demasiado; no desaparecen jamás: tales son los tesoros que en el cielo se reservan para los que pertenecen verdaderamente a Dios. No importa cuan ricos y notables seamos aquí, siempre nos falta algo. La mayor oportunidad que sobre los pobres tienen los ricos de ser felices, es la que menos disfrutan.

Las riquezas del mundo nunca hacen verdaderamente

feliz a nadie. Todos sabemos también que con frecuencia las riquezas se evaporan. Midas ganó tanto oro que cualquier cosa que tocaba se convertía en oro; pero aquellas cuantiosas riquezas no le aprovechaban mucho, sin duda, a causa de las grandes orejas que tenía. Hay mucha verdad en algunas de esas fábulas antiguas. El dinero, como el tiempo, no debe ser mal gastado, por lo tanto, me produce gran lástima el hombre que posee tanto del uno como del otro y, sin embargo, no sabe cómo emplearlos. No hay dicho más verdadero que aquel que afirma que el hombre que hace buen uso de su dinero lo sella con la imagen de Dios, por decirlo así, y hace que tenga valor para adquirir las mercancías celestes. Pero toda la riqueza del universo no sería bastante para comprar el camino que conduce a la gloria. La salvación debe considerarse como un don que se da con solo pedirlo. No hay un hombre tan pobre que no pueda llegar a ser un millonario celestial.

MAL SALVA-VIDAS

¡Cuántos hay que adoran el oro hoy! Donde la guerra ha matado a millares, la ganancia ha matado a millones. Su historia es la pintura de la esclavitud y de la opresión en todos los siglos. Hoy posee un imperio sumamente vasto. La mina con su faena, la fábrica con su miseria, la hacienda con su fatiga y el mercado y la lonja con sus caras adustas y anhelantes: he aquí algunos ejemplares de sus esclavos. Títulos y honores son sus recompensas y los tronos están a su disposición. Entre sus consejeros tenemos a reyes y muchos de los grandes y poderosos del mundo son sus súbditos. Este espíritu de ganancia quiere convertir el universo mismo en oro.

Se relata que Tarpeia, hija del gobernador de la fortaleza situada en el Monte Capitalino en Roma, quedó encantada de los brazaletes de oro de los soldados sabinos y que consintió dejarlos entrar en fortaleza si le daban lo que traían en sus brazos izquierdos. Pactóse semejante cosa; los sabinos cumplieron su promesa; Tacio, su general, fue el primero que entregó su brazalete y su escudo. Aquellos codiciados tesoros fueron echados sobre traidora por cada uno de los soldados, hasta que ella se hundió bajo su peso y expiró. Así el peso del oro aplasta a muchos hombres.

Cuando se hundió el vapor "Central América", llevaba a bordo más de mil mineros que volvían de California a sus hogares y a los amigos de su juventud. Habían hecho su fortuna y se anticipaban mucho placer en la manera de emplearla. Al principio de aquel horroroso desastre el oro perdió su atractivo para ellos. Los mineros se quitaron los cinturones en que traían sus tesoros y los echaron a un lado. Talegas llenas de brillante polvo de oro fueron vaciadas sobre el suelo de los camarotes. Uno de ellos vació oro por valor de cien mil duros sobre el suelo y dijo que cualquiera que quisiese lo tomara. Quedó vencida la codicia y nadie quiso tomar el oro. ¡Queridos amigos! bueno es tener oro, pero a veces es un mal salvavidas. A menudo es un grandísimo peso que nos sumerge en el infierno.

El Rev. Juan Newton, fue a visitar a una familia que había sufrido la pérdida de cuanto poseía por un incendio. Él halló a la religiosa señora de la casa y, saludándola, le dijo:

— Os felicito, señora.

Quedó ella sorprendida y, casi ofendida, exclamó:

— ¡Qué! ¿Me felicitáis porque toda mi propiedad ha sido consumida?

— O no, repuso él, os felicito, porque tenéis posesiones que las llamas no pueden tocar.

La alusión a sus verdaderos tesoros apaciguó su aflicción y le alcanzó la conformidad necesaria. Según se lee en el cap. 15 de los Proverbios: "En la casa del justo hay gran provisión: empero turbación en las ganancias del impío." Jamás he visto a un santo moribundo que fuese rico en tesoros celestiales, arrepentirse de la suerte que había escogido; jamás les he oido decir que habían entregado demasiado su vida a Dios y al cielo.

ANEGÁNDOSE

Me refirió un amigo mío que él estaba hace algunos años en el Río Mersey, en Liverpool, y vio un buque que era necesario llevar a remolque al puerto con mucho cuidado; el buque estaba tocando con la superficie de las aguas, y él estaba admirado de que no se hundiese. Poco después vino otro buque que tomaba puerto, sin auxilio ninguno, y se adelantó a todos los demás buques en el río. Mi amigo hubo de informarse de lo que pasaba y se le dijo que aquel buque que se llevaba a remolque estaba anegado, que traía madera labrada, y habiendo hecho agua, estaba casi hundido, costando mucho trabajo llevarlo al puerto. Pues creo que hay muchos cristianos profesos, y acaso entre ellos muchos que lo son en realidad, que están como el referido buque, medio anegados. Poseen demasiados tesoros terrestres se requiere toda la iglesia, todo el poder espiritual de ella—para vigilar a tales cristianos mundanos, para que no retrocedan hacia el mundo.

Si toda la iglesia estuviera "trabajando con valor y trabajando siempre", como dijo Juan Wessley, ¡cuánto poder tendría, y en cuán corto tiempo haría sentir su influjo sobre el mundo y las masas de los hombres! Pero no tenemos poder en el mundo porque la iglesia misma se ha conformado al mundo, y porque muchos están sorprendidos, porque no crecen en la gracia, mientras ellos mismos tienen más de la tierra que de Dios en sus corazones.

Si los hombres tuviesen sus tesoros en el cielo, los ministros no tendrían que persuadir y exhortarles tanto a vivir para el cielo; no podrían hacer otra cosa; allí estaría su corazón, y si su corazón estuviese allí sus pensamientos se dirigirían allá. Su vida reconocería su centro en el cielo. No querrían menos que vivir para el cielo, si su tesoro estuviese allí.

Una niña dijo un día a su madre: "Mamá, me dice mi instructora, en la escuela dominical, que este mundo no es más que un lugar donde Dios nos deja vivir por poco tiempo, para que nos preparemos para otro mundo mejor. Pero, mamá, no veo a nadie *preparándose*. Te veo a ti, que te preparas para ir al campo y a mi tía Isabel, que dispone su viaje cuando viene acá; pero no veo a ninguno que se prepara para ir allá; ¿por qué no procuran prepararse?"

Cierto señor que vivía en el Sur, antes de la guerra, tenía un esclavo piadoso, y cuando murió su amo dijeron al esclavo que aquel había ido al cielo,

El viejo esclavo meneó la cabeza, diciendo— Tengo miedo de que el amo no haya ido allá.

—Pero ¿por qué no, Ben?, le preguntaron.

—Porque cuando el amo iba al Norte o emprendía un viaje a Aguas Buenas, hablaba de ello por largo tiempo y se preparaba. ¡Nunca le he oido hablar de su viaje al cielo, ni le he visto prepararse para ir allá!

Así hay muchos que no se preparan; Cristo en el Sermón en el Monte manda: "No os hagáis tesoros en la tierra, donde la polilla y el orín los corrompen, y donde ladrones minan y hurtan. Mas haceos tesoros en el cielo, donde ni la polilla ni el orín los corrompen y donde ladrones no minan ni hurtan. Porque donde estuviere vuestro tesoro, allí estará también vuestro corazón."

LOS TESOROS DEL CORAZON

No se necesita largo tiempo para saber dónde está el tesoro de un hombre. En quince minutos de conversación con casi cualquiera de los hombres podéis saber si tiene su tesoro en el cielo o en la tierra. Hablad con un estadista acerca de la patria y, veréis como se enciende sus ojos y sabréis que allí está su corazón. Hablad con algún comerciante y decidle dónde puede ganar mil pesos y veréis cómo se interesa: su corazón está allí. Hablad con esas gentes a la moda que no tienen otro objeto en la vida que la moda y el vestido y veréis el encanto que ejercen sobre ellas; se interesan desde luego: su corazón está allí. Hablad con un político acerca de la política y veréis como de repente él se interesa. Pero hablad a un hijo de Dios que está atesorando posesiones en el cielo, habladle del cielo y de su hogar futuro, y veréis su entusiasmo. "Donde está vuestro tesoro allí estará también vuestro corazón."

El mandamiento de hacerse de tesoros en el cielo es tan obligatorio como el que prohíbe el robar. Algunos creen que no hay otros mandamientos que los diez dados en el Monte Sinaí, pero cuando Jesucristo estaba aquí, El nos dio otros muchos mandamientos. El Sermón del Monte contiene otro mandamiento y es que debemos "buscar primero el reino de Dios y su justicia, y todas estas cosas nos serán añadidas." He aquí un mandato: que debemos atesorar bienes en el cielo y no en la tierra. La razón por la que hay tantos corazones quebrantados en este país, la razón por la que hay tantos desgraciados, es que han estado atesorando sus bienes aquí.

Queda bien demostrada la completa nulidad del oro, objeto de los desvelos de tantos hombres, por una anécdota referida por el Dr. Arnot. Un buque que llevaba a bordo una compañía de emigrantes, pierde el rumbo en una tempestad y naufraga en una isla desierta, lejos del alcance del hombre. No hay modo de escaparse, pero tienen hartos víveres. Los rodea el océano, pero tienen bastante semilla, un magnífico terreno y un clima favorable. No hay, pues, peligro. Antes de poder formarse algunos planes, unos de la compañía que habían ido a explorar, descubren una mina de oro. Allá van todos a explotarla. Trabajan día tras día, por meses enteros. Reunen gran cantidad de oro. Pasa la primavera sin que se haya arado ninguna parte de su terreno, sin que un solo grano de semilla haya sido sembrado. Llega el verano y la riqueza aumenta, pero disminuye su provisión de comestibles. En el otoño ya no tienen valor alguno sus montones de oro. El hambre les confronta. Corren a las selvas, cortan árboles, exterminan las raíces, preparan la tierra y meten la semilla. ¡Ya es tarde! El invierno ha venido y la semilla se pudre en la tierra. Mueren todos en medio de sus riquezas.

Esta tierra es la pequeña isla, la eternidad es el océano que la rodea, y nosotros hemos estado echados sobre sus playas. Hay semilla viviente, pero nos atrae la atención las minas de oro. Pasamos la primavera y el verano; el invierno nos sorprende en medio de nuestros trabajos; carecemos del Pan de la Vida y perecemos. Estimemos, pues, los cristianos, estimemos sobremanera aquel hogar donde están los tesoros que nadie nos puede quitar.

El Dr. Muhlenberg, clérigo luterano, ha escrito hermosamente sobre este punto

"¿Quién quería vivir siempre separado de su Dios,
Lejos de aquel cielo, morada llena de felicidad;
Donde ríos de placer surcan espléndidos campos
Y donde los santos de todos los siglos en armonía
    unísona,
Saludan extasiados a su Salvador y a sus hermanos;
Mientras que himnos arrobadores repercuten sin cesar
Y la sonrisa del Señor es el alimento perdurable de
    sus almas?
¿Qué significa esa música celestial que llega hasta mí?
Las notas de las arpas penetran dulcemente en mi oído.
¡Miro abrirse silenciosamente las doradas puertas,
Y contemplo al Rey resplandeciente de hermosura!

¡Oh! dadme, dadme las alas de paloma.
¡Dejadme que dirija presuroso mi vuelo hacia las
mansiones superiores!
¡Ah! Hoy mismo mi alma agitaría sus alas veloces
¡Y en éxtasis transportador, diría adiós para siempre
al mundo!"

LECCIÓN DE PIZARRÓN

Cuando yo estaba en San Francisco hace algunos años, fui a una Escuela Dominical el primer domingo que estaba allí. Llovía y era tan corta la concurrencia que el superintendente pensó despedirla; pero en vez de hacer eso, me invitó a mí hablar a toda la escuela constituida en una clase. La lección era aquel pasaje del Sermón del Monte: "No os hagáis tesoros en la tierra donde la polilla y el orín corrompen y donde ladrones minan y hurtan." Invité a un joven que viniese pizarrón, y luego comenzamos a hacer comparación entre ciertas cosas que algunos poseen en la tierra, y otras cosas que otros tienen en el cielo.

— Dije: Nombradme algún tesoro mundano.

— Todos gritaron: ¡Oro!

— Es verdad, dije, supongo que en California aquel ha de ser vuestro mayor tesoro. Ah, adelante; ¿cuál otro hay?

—Un niño gritó: ¡Tierras!

—Bien, dije, apuntaremos tierras. ¿Qué cosa estiman mucho las gentes en California dejando en ella su corazón?

—Dijeron: Casas.

—Apúntelo Ud. ¿Qué más?

—Los placeres.

—Apúntese.

—Honor, fama.

—Apúntense los negocios.

—Sí, dije, muchos tienen los corazones sumergidos en sus quehaceres y el comercio, lo apuntaremos. Y luego una niña dijo, pero no sin un poco de temor: El vestido: toda la estancia se sonrió.

—Apúntelo Ud., dije: Creo que hay algunas personas en el mundo que estiman más el vestido que otra cosa cualquiera. Tan sólo viven para vestirse con elegancia. Hace poco supe de un acontecimiento auténtico en que constaba que una señorita se moría de tisis pulmonar, ella había vivido en el mundo y para el mundo exclusivamente y parecía que el mundo se había posesionado de ella totalmente. Ella pensaba que iba a morir el jueves por la noche y, durante el día pidió a sus amigos rizaran su cabello para que su cadaver presentara un hermoso aspecto en su ataúd; no murió el jueves en la noche. Duró hasta el viérnes y les dijo que no deshicieran su pelo que lo dejaran hasta que muriese. Sus amigos dijeron que estaba muy hermosa en el ataúd. ¡El vestido y la apariencia! ¡Considerad cuánta necedad es apegar el corazón a semejantes cosas!

—Pero, ¿qué más?

Tuvieron vergüenza al decirlo, pero uno de ellos dijo: El alcohol.

—Pues bien, dije, se apuntará. Muchos hombres hay que aman más la botella de alcohol y del coñac, que el reino de Dios. Renuncian a la esposa, renuncian al hogar y a la madre, al carácter y la reputación por siempre a causa de la botella de alcohol. Muchos hombres por medio de la vida que llevan están diciendo: "Dadme ron y os daré el cielo con todas sus glorias. Venderé mi esposa e hijos. Los haré mendigos y los sumiré en el desamparo. Los degradaré y deshonraré por amor a los licores alcohólicos. Esos son mis tesoros."

"¡Oh, botella de ron! te adoro", he aquí la exclamación de muchos, mientras vuelven las espaldas al cielo con todas sus glorias por amor al ron. Algunos de entre los de esa Escuela Dominical pensaron que aquel niño se había equivocado cuando dijo que el alcohol era un tesoro, pero es un tesoro para milllares de hombres.

Otro dijo:

—Los caballos de carrera.

—Dije: apúntese. A muchos hombres les gustan sobremanera los caballos de carrera y muchos se ocupan en este ejercicio los domingos, pasando el Santo Dia del Señor de esta manera.

Acabado eso, habiendo escrito sobre el pizarrón todo lo que se nos ocurría, dije: Ahora, si os parece bien, apuntaremos algunos de los tesoros celestiales. ¿En qué cosa quiere el Señor que coloquemos nuestro corazón y nuestroa afectos?

Todos dijeron:

— En Jesús.

— Bueno, escribiremos Jesús a la cabeza de la lista. ¿Oué más?

Contestaron:

— En los ángeles.

— Lo escribiré. Tendremos la sociedad de ellos cuando lleguemos al cielo. Eso sí es un verdadero tesoro. ¿Qué más?

— Pues, los amigos que han muerto en Cristo, que han dormido en el Señor.

— Se escribirá. La muerte nos los ha quitado, pero estaremos con ellos dentro de poco. ¿Qué más?

— Coronas.

— Sí, vamos a tener coronas, coronas de gloria, coronas de justicia, coronas que no se marchitarán. ¿Qué más?

— El árbol de la vida.

— Sí, dije, el árbol de la vida. Tendremos derecho a él. Podemos acudir a ese árbol y coger su fruto, comer y vivir para siempre. ¿Qué más?

— El río de la vida.

— Sí, andaremos sobre las riberas de ese purísimo río.

— Arpas, dijo otro.

— Otro: Palmas.

—Sí, dije, apúntense. Son tesoros que tendremos allí.

—Pureza.

—Sí, solo los puros, nadie más, estarán allí. Tendremos ropas blancas, sin mancha, ni arruga ninguna en esas vestiduras. Muchas personas encuentran defectos en nuestros caracteres aquí en el mundo, pero dentro de poco Cristo nos presentará delante de su Padre sin mancha ni arruga, y estaremos allí completos en Él, dije. ¿Podéis vosotros pensar alguna otra cosa?

Uno de ellos dijo:

—Un nuevo cántico.

—Sí, tendremos un nuevo cántico; a saber, el cántico

de Moisés y del Cordero. No sé precisamente quién lo habrá escrito o cómo, pero será un cántico glorioso. Supongo que los cantos que tenemos aquí en la tierra no serán nada comparados con los cantos del mundo superior. Sabéis que una de las cosas principales que se nos dice que vamos a hacer en el cielo es cantar, y por eso los hombres deben cantar aquí en la tierra. Debemos comenzar a cantar aquí para que no nos sea extraño cuando estemos en el cielo. Me compadezco del cristiano profeso que no tiene un cántico en su corazón, que nunca quiere cantar. Me parece que, si somos verdaderamente hijos de Dios, querremos cantar por el gozo que nos inspira esa idea. Y así, cuando estemos allí, no podremos menos de cantar a viva voz las sublimes aleluyas del cielo.

— Entonces dije, "¿Hay alguna otra cosa?" Ellos continuaron respondiendo, pero yo no os puedo referir todo lo que dijeron, porque tuvimos dos columnas escritas de los tesoros celestiales y estuvimos allí algún tiempo, contrastando los tesoros celestiales con los terrenales. Los estuvimos mirando algún tiempo, y cuando los colocamos todos en líneas al lado del nombre de Cristo siempre los tesoros terrestres aparecieron muy pequeños. ¿Qué sería este mundo lleno de oro comparado con Jesucristo? Vosotros que tenéis a Cristo, ¿acaso renunciaríais a Él por oro? ¿Acaso renunciaríais a Él por todo el honor que el mundo pudiera conferiros durante algunos meses o años? ¡Pensad en Cristo! Pensad en los tesoros del cielo, y después pensad en estos tesoros terrestres, por los que un gran número de nosotros vivimos.

Dios bendijo aquella lección de pizarrón de una manera maravillosa, pues sucedió que el señor que escribía por mí en el pizarrón, era un inconverso, instructor de escuela dominical, él había ido a California tan solo para amontonar dinero. Su corazón estaba puesto en el oro y vivía tan solo para esto y no para Dios.

Aquello era el ídolo de su corazón. Pues bien, Dios le convenció mientras estaba escribiendo, y fue el primer convertido que Dios me dio en la costa del Pacífico. Fue la última persona que se despidió de mí cuando partí de San Francisco. Él vio cuán pobres son los tesoros terrestres y cuán insignes y gloriosas las riquezas del cielo. ¡Oh! ¡Quisiera Dios abrir vuestros ojos! Y creo que, si sois sinceros y se lo pedís, Él lo hará, Él os mostrará cuán vacío es este mundo en comparación con lo que tiene aparejado para nosotros.

Hay muchas personas que constantemente se admiran de que no remontan su vuelo al cielo, por decirlo así, y de que no hacen ningún progreso en la vida divina y de que no crecen más en la gracia. Creo que la razón es que tienen demasiados tesoros terrestres. No es necesario ser rico para tener el corazón fijo en las riquezas.

No es necesario enfrascarnos en el mundo más que otras personas para tener el corazón allí. Creo que el hijo pródigo llegó al país lejano mucho antes que estuvieran allí sus pies. Estando allí su corazón, él estaba allí. Hay muchos hombres que no se mezclan con el mundo tanto como algunos otros, pero sus corazones están allí y ellos estarían allí si fuera posible, y Dios mira al corazón.

Pues bien, lo que nos importa hacer es obedecer la voz del Maestro y, en vez de atesorar bienes en la tierra, atesorarlos en el cielo. Si hacemos eso, seguro es que jamás nos llevaremos un chasco.

Claro es que los idólatras no van a entrar en el reino de Dios. Yo puedo hacer un ídolo de mis quehaceres, puedo hacer un ídolo de la esposa de mi corazón, puedo hacer un ídolo de mis hijos. No me parece necesario ir a países paganos para encontrar a hombres culpables de idolatría. Creo que hallaréis a muchos en este país que tienen ídolos en sus corazones. Oremos a fin que el Espíritu de Dios destierre esos ídolos de nuestros corazones, para que no seamos culpables de idolatría y para que adoremos a Dios en espíritu y en verdad. Todo lo que se interponga entre Dios y yo es un ídolo, sea cual fuere el objeto. Los quehaceres son muy buenos y muy esenciales en su lugar, y no hay peligro en amar demasiado a mi familia si amo más a Dios; pero es preciso que Dios tenga el primer lugar, y si no lo tiene entonces ya tenemos un ídolo.

TODA LA ETERNIDAD
PARA DESCANSAR

No será la más pequeña de las riquezas del cielo la posesión de aquellas cosas tan deseadas por el alma, que tanto se buscan aquí en el mundo sin que jamás se alcancen, a saber, conocimiento infinito, perfecta paz y un amor que satisfaga. Como un retrato hermoso que ha sido dañado, cubierto de negras manchas, y después ha sido vuelto a su primitiva belleza, así el alma queda restaurada en su perfecta limpieza cuando se lava en la sangre de Jesucristo. La imagen inanimada estampada en la tela no puede, sin embargo, compararse de ninguna manera con el alma viviente racional.

Si tan solo pudiéramos ver a algunos de nuestros amigos que nos han precedido, es probable que querríamos postrarnos ante ellos. San Juan, a pesar de que había visto tantas cosas extrañas, cuando se le presentó a la vista un radiante ángel para revelarle algunos de los secretos del cielo, se postró para adorarle. Dice en el último capítulo del Apocalipsis:

"Yo Juan soy el que ha oído y visto estas cosas. Y después que hube oído y visto; me postré para adorar delante de los pies del ángel que me mostraba estas cosas. Y él me dijo: Mira que no lo hagas; porque yo soy siervo contigo y con tus hermanos los profetas y con los que guardan las palabras de este libro. Adora a Dios."

Sabemos que el diamante no sólo refleja la luz, sino que es un pequeño sol que brilla con una luz propia. Así el diamante pulido del alma, refleja la hermosura y luz de Dios, a la vez que preserva su propia personalidad.

Entre las cosas que anhelamos en el mundo una de ellas es el perfecto conocimiento. Por mucho que el pecado haya debilitado las facultades mentales del hombre, no ha podido destruir su deseo de conocimiento. Pero por mucho que él se esfuerce, por mucho que él crea saber de la astronomía, la química y la geología y las demás ciencias, su conocimiento de los secretos de la naturaleza es todavía limitado.

Hay un sin número de cosas que ignoramos.

Un inmenso número de astrónomos han vivido y muerto, y siglos han trascurrido, sin que se hubiera descubierto que el planeta Marte tiene dos satélites. Tal vez en las edades venideras alguien descubrirá que aquellos no son ni satélites. Así sucede con casi todo nuestro saber humano.

No hay uno de los profesores de nuestros colegios que no se esfuerce por aprender más y más y descubrir nuevas cosas. Si conociéramos tan bien las estrellas del firmamento como conocemos nuestro mundo, aun así, no estaríamos todavía satisfechos.

No comprenderemos lo infinito, hasta que seamos semejantes a Dios. Las imperfectas vislumbres que recibimos por la fa acerca de Dios, solo sirven para acrecentar nuestro deseo de verle y conocerle más. Porque ahora, como dice San Pablo en el cap. 13 de la 1ª los Corintios: "Vemos por espejo en oscuridad; mas entonces veremos cara a cara: ahora conozco en parte; mas entonces conoceré como soy conocido." Vemos a Dios ahora en un espejo, por decirlo así, "pero entonces cara a cara."

Suponiendo que no supiéramos nada del sol sino tan solo lo que de su luz nos refleja la luna; ¿no nos causaría grandísima admiración su inmensa distancia, su deslumbrante esplendor, su poder vivificante? Pues todo lo que vemos, el sol, la luna, las estrellas, el océano, la tierra, las flores y, sobre todo, el hombre, son un magnífico espejo en que, imperfectamente, se refleja la perfección de Dios.

Otro anhelo que tenemos es el descanso. Nos cansamos trabajando. Sin embargo, no hay verdadero descanso en el mundo. Vemos en el cap. 4 de los Hebreos, versículos 9 al 11: "Por tanto queda un reposo para el pueblo de Dios. Porque el que ha entrado en su reposo, también él ha reposado de sus obras, como Dios de las suyas. Procuremos, pues, entrar en aquel reposo; que ninguno caiga en semejante ejemplo de desobediencia."

Pues bien, a la vez que todos necesitamos del reposo, creo se equivocan muchas personas pensando que la iglesia es un lugar de descanso. Cuando ellas se unen con la iglesia, abrigan una falsa idea relativa a su posición en ella. Muchos entran en la iglesia para descansar. En este pasaje leemos: "Queda un reposo para el pueblo de Dios", pero no consta que la iglesia es el lugar de reposo; tendremos toda la eternidad parar descansar. Nos espera el reposo más tarde, pero tenemos que trabajar aquí y, acabada nuestra obra, el Señor nos llamará a sí para gozar de aquel reposo; es inútil hablar del descanso aquí abajo, en territorio del enemigo. No podemos descansar en este mundo donde el Hijo de Dios ha sido crucificado y rechazado. Creo que muchas personas van a perder su recompensa tan solo porque han entrado en la iglesia con la idea de que van a descansar en ella; como si la iglesia estuviera trabajando para ganar la recompensa, en vez de edificar cada uno su parte propia, contribuyendo cada cual con toda su influencia a la edificación del reino de Cristo.

En el cap. 14 del Apocalipsis, versículo 13 consta: "Y oí una voz del cielo que me decía: Escribe, bienaventurados los muertos que de aquí en adelante mueren en el Señor. Sí, dice el Espíritu, que descansarán de sus trabajos, porque sus obras con ellos siguen."

La muerte puede robarnos el dinero. La muerte puede robarnos la posición. La muerte puede robarnos a los amigos; pero una cosa hay que la muerte nunca puede hacer y es robarnos la obra que hacemos para

Dios. Esa vivirá eternamente. "Sus obras les siguen." ¿Qué es lo que estamos haciendo? Todo lo que hacemos desinteresadamente, sin que ningún motivo mezquino ni egoísta quepa en nuestro corazón, vivirá. Tenemos el privilegio de poner en movimiento corrientes de actividad que continuarán vivas para siempre, cuando nosotros estemos durmiendo en la tumba.

Es privilegio de todos vivir más en el futuro que en el presente, a fin de que sus vidas influyan más dentro de cincuenta o cien años de lo que ahora sucede.

Es mil veces mayor hoy la influencia de Juan Wesley de lo que era cuando vivía. El vive aún. El vive en las vidas de millares y millones de sus seguidores.

Martin Lutero vive más hoy de lo que vivía hace siglos en Alemania. Vivió una sola vida por breve tiempo. Contemplad, sin embargo, los centenares y millares y millones de vidas en las cuales él vive ahora. Hay de cincuenta a sesenta millones de personas que profesan seguir a Cristo según las enseñanzas de Martin Lutero y que llevan su nombre. Ha muerto para los ojos del mundo, pero sus "obras le siguen". El vive aún.

Todavía resuena en todo el mundo la voz de Juan Bautista, a pesar de que 1900 años han trascurrido desde su aparición. Herodes creía, cuando le degolló, que hacía enmudecer su voz, pero aun hoy repercute por todas partes del mundo. Vive Juan Bautista porque vivía para Dios; pero él ha entrado en su reposo y "sus obras le siguen". Y si ellos en el cielo pueden ver lo que pasa en la tierra, cuánto gozo no han de tener allí, al pensar que han dado movimiento a esas corrientes y que esa obra continúa, que sigue, aunque ellos hayan desaparecido.

Si un hombre vive una vida mezquina y egoísta, cuando baja a la tumba su nombre y cuanto ha significado queda sepultado con él. Si él ambiciona dejar tras sí una reputación por motivos egoístas, su nombre se pudrirá juntamente con su cuerpo. Pero si un hombre se desprende de sí mismo y comienza a trabajar por Dios, su nombre vivirá para siempre. Si vais a Escocia hoy, hallaréis la influencia de Juan Knox en todos sus montes y en todos sus valles. Parece que hoy casi se puede sentir el aliento de las oraciones de ese hombre en Escocia. Su influencia vive aún. "Bienaventurados los muertos que mueren en el Señor. Descansarán de sus trabajos, y sus obras con ellos siguen." Un descanso gratísimo nos aguarda; descansaremos dentro de poco; pero aquí no debemos hablar del descanso.

Si debo enjugar la lágrima de la mejilla del huérfano, tengo que hacerlo aquí. No consta en la Escritura que tendremos el privilegio de hacer eso en la vida futura. Si debo alzar a algún pobre caído que ha sido vencido por el pecado, tengo que hacerlo aquí. No se nos enseña en ninguna parte de la Escritura que vayamos a disfrutar del privilegio de trabajar por Dios de esta manera en el mundo venidero; no vamos a tener el privilegio de ser colaboradores con Dios en la gloria pero tal es nuestro privilegio hoy. Tal vez no lo tendremos mañana; pero podemos entrar a la viña y hacer algo hoy, antes que baje el sol. Podemos hacer algo ahora antes de ir a la gloria.

Otra necesidad que sentimos aquí es el amor. El cielo es el único lugar donde se pueden cumplir las condiciones del amor. Allí es esencialmente mutuo. Todos se aman los unos a los otros. En este mundo de pecado y crimen, parece que es imposible que todos disfruten de la misma igualdad. Cuando encontramos a personas que son festivas, hermosas y buenas, no es difícil amarlas. Todos los habitantes del cielo serán así. No habrá temor de que resulten fallidas nuestras esperanzas. Jamas sufriremos el engaño de parte de aquellos a quienes amamos. Cuando se comienza a sospechar de alguno a quien amamos, en ese instante acaba la felicidad. Allí no habrá sospechas.

Más allá de los helados vientos y los cielos sombríos,
Más allá de la tenebrosa puerta de la muerte.
Existe un país en el cual la hermosura jamás desaparece
Y donde el amor reina eternamente.

CONTEMPLAMOS del mundo dichoso
    Los placeres que Dios nos dará;
El país lo creemos hermoso,
    Mas hallarnos allí, ¿que será?

        Coro. — ¿Qué será? ¿Qué será?
            Mas hallarnos allí, ¿qué será?
        ¿Qué será? ¿Qué será?
            Mas hallarnos allí, ¿qué será?

Meditamos el gozo, la gloria,
    La grandeza sin fin que tendrá
El mortal que ganó la victoria,
    Mas hallarnos allí, ¿qué será?

Presentimos el día esplendente
    Que en el santo país brillará,
Por Jesús el Cordero inocente;
    Mas hallarnos allí, ¿qué será?

Bien sabemos que llanto, ni duelo,
    Ni pecados ni males, habrá
En la casa de Dios en el cielo;
    Mas hallarnos allí, ¿qué será?

CAPÍTULO 6

LAS RECOMPENSAS DEL CIELO

Si comprendo rectamente las cosas, creo que aquel hombre o mujer que esperan ser recompensados aquí por haber hecho bien, no son aptos para la obra de Dios; porque si esperan los aplausos de los hombres, si aguardan recibir su recompensa en este mundo, eso les inhabilitará para el servicio divino, supuesto que están de continuo deshonrando la verdad. Tienen miedo de lastimar los sentimientos de alguien, de que alguno diga algo en su contra o de que se escriba alguna cosa dañina para su reputación. Es necesario hollar el mundo bajo nuestros pies si pretendemos recibir nuestra recompensa en lo futuro. Si vivimos para Dios, debemos sufrir la persecución. El reino de tinieblas y el reino de luz están en lucha constante, han estado y estarán mientras e Satanás se le permita reinar en este mundo. Si queréis ser honrados en el reino de Dios, si queréis ser honrados en el cielo y recibir una recompensa que durará para siempre, es necesario evitar aquí la amistad de los impíos.

Si buscáis el aplauso de los hombres, no podéis esperar que el Señor os diga "Bien hecho" al fin del camino. No podéis tener las dos cosas. ¿Por qué? Porque este mundo batalla contra Dios. Es falaz la idea de que el mundo se está mejorando de día en día. Nuestro viejo corazón está en enemistad contra Dios hoy tanto como lo estuvo cuando Caín mató a Abel. El pecado apareció bien desarrollado en Caín. Desde el tiempo que Caín nació hasta ahora, el hombre por naturaleza ha estado en conflicto contra Dios. No fue establecido en gracia este mundo y tenemos que combatir "el mundo, la carne y el demonio"; y si peleamos con el mundo, el mundo no nos amará; y si peleamos con la carne, la carne no nos amará. Es necesario crucificar el hombre viejo y comprimirle y entonces recibiremos nuestra recompensa, que será gloriosa. En el cap. 16 de Lucas, versículo 15, se dice: "Y díjoles, vosotros sois los que os justificáis a vosotros mismos delante de los hombres; mas Dios conoce vuestros corazones. Porque lo que los hombres tienen por sublime, delante de Dios es abominación."

Es necesario nadar contra la corriente de este mundo. Si el mundo no tiene nada que decir contra nosotros podemos estar bien seguros de que Jesucristo tiene muy poco que decir a nuestro favor. Hay muchos a los que no les gusta oponerse a la corriente del mundo. Dicen que saben que esto y aquello es malo, pero nada dicen en contra por no hacerse impopulares. Si esperamos recibir la recompensa, tenemos que pelear la buena batalla de la fe. Para todos estos, según dijo Pablo, "está guardada la corona de justicia, la cualel Señor, juez justo, nos dará en aquel día."

EL TEMOR DE LA MUERTE

¡Cuán poco nos damos cuenta del significado de la palabra eternidad! Todo el tiempo trascurrido desde la creación del mundo hasta su consumación, no representa un solo día en la eternidad, la cual es como la infinidad del espacio, cuyo centro está en todas partes y su circunferencia en ninguna. Leemos en la Epístola a los Hebreos, cap. 2, versículo 14: "Así que, por cuanto los hijos participaron de carne y sangre, él también participó de lo mismo, para destruir por la muerte al que tenía el imperio de la muerte, es a saber, el diablo, y librar a los que por el temor de la muerte estaban por toda la vida sujetos a servidumbre."

Muchos de los hijos de Dios viven en constante servidumbre y en constante temor de la muerte. Creo que esto es deshonroso para Dios. Yo no creo sea su voluntad que uno de sus hijos viva en temor por un solo momento. Si conocéis la verdad como es en Cristo, no hay necesidad de temor, no hay necesidad de espanto, porque la muerte tan solo os empujará a la gloria, donde vuestros nombres están escritos ya.

Otro pensamiento se refiere a aquellos a quienes amamos. Creo que no solo es nuestro privilegio tener escritos nuestros nombres en el cielo, sino también los de nuestros hijos, que Dios nos ha dado, y por los cuales nuestros corazones deben estar interesados. La promesa no solo es para nosotros, sino también para nuestros hijos. Muchos padres y madres de familia sufren grandísima ansiedad por la salvación de sus hijos. Si vuestro propio nombre está allí, debéis, desde luego, empeñaros para que los hijos que Dios os ha dado, estén allí también.

Tengo tres hijos y el mayor deseo de mi coraron es que sean salvos, que sepa que sus nombres están escritos en el Libro de la Vida. Tal vez yo tenga que abandonarlos pronto; acaso tendré que dejarlos huérfanos en un mundo falaz, sin que tengan a un cariñoso padre que vele por ellos; y muchas veces me he dicho que más bien preferiría que ellos viniesen a mi tumba cuando muera, para derramar allí una lágrima y decir: "Mi padre, mientras vivía, se empeñó por mi alma", que no que dijesen cualquiera otra cosa.

Una madre de familia murió en cierta ciudad dejando varios hijos. Murió de tisis pulmonar y los niños fueron llevados a ella cuando estaba en la agonía. Al aproximarse a su lecho el mayor, le dio su último encargo y su bendición; al segundo puso la mano sobre su cabeza y le bendijo y así continuó haciendo lo mismo con todos, hasta que le trajeron al más pequeñito. Lo cogió y lo estrechó contra su seno. Sus amigos vieron que aquello le producía una gran emoción y que apresuraba su muerte, por lo cual fueron a quitarle la criatura. Al hacer eso, ella dijo: "Esposo mío, te encargo que lleves todos estos niños contigo al hogar celestial." Así Dios nos encarga a nosotros, los padres de familia, que llevemos con nosotros a nuestros hijos al hogar celestial; no solo que nosotros tengamos escritos nuestros nombres en el cielo, sino también los de nuestros hijos.

Un eminente obrero cristiano de Nueva York me relató una narración que tuvo un profundo efecto en mí.

Cierto padre de familia tenía un hijo que había estado enfermo por algún tiempo sin que él lo considerase grave, hasta que un día, al volver a su casa a comer, halló llorando a su esposa y le preguntó

— ¿Qué ocurre?

— Nuestro hijo ha tenido un gran cambio desde esta mañana, repuso la madre, y temo que se muera. Quiero que vayas a verle y, si crees que es así, deseo que se lo digas, pero yo no puedo hacerlo.

Entró el padre y se sentó al lado de la cama. Puso la mano sobre la frente de su hijo y pudo sentir esa fría humedad de la muerte. Supo entonces que ella con su mano de hielo estaba para romper las cuerdas de la vida y que pronto le sería arrebatado su hijo. Le dijo: "Hijo mío, ¿sabes que estás muriendo?"

El niño le miró y contestó:

— ¿Es cierto? ¿Es esto que siento apoderarse de mi cuerpo la muerte?

— Sí, hijo mío, estás muriendo.

— ¿Viviré hasta mañana?

— No, acaso morirás dentro de muy poco tiempo. Entonces mirando a su padre, dijo:

— Pues yo estaré con Jesús esta noche, ¿verdad? Su padre le contestó:

—Sí, hijo mío, estarás esta noche con el Salvador.

Entonces tuvo que volver la cabeza para esconder las lágrimas, pues no quiso que el niño le viese llorar; pero él observó las lágrimas y dijo:

— Papá, no llores por mí. Cuando yo llegue al cielo,

iré directamente a Jesús y le diré que desde mis primeros recuerdos tu has procurado guiarme a Él.

Yo querría más bien que mis hijos dijesen eso de mí cuando yo muera o, sí ellos mueren antes que yo, que lleven ese mensaje al Maestro, que no el que sobre mi tumba se levantara un soberbio monumento.

No debemos juzgar la muerte como lo hacemos. El obispo Heber escribió acerca de un amigo difunto:

Tú bajaste al sepulcro, mas no te lloraremos.
Aunque el dolor y las tinieblas envuelvan la tumba;
Antes que tú, el Salvador traspasó sus umbrales,
Y en medio de la oscuridad, la lámpara de su amor
    te ilumina;
Descendiste a la tumba, ya no te contemplamos.
Ni transitamos a tu lado por los escabrosos sende-
    ros del mundo;
Pero los abiertos brazos de la misericordia te reciben
Y los pecadores sin temor pueden ya morir
Desde que el Sin Pecado por ellos murió.

En las moradas celestes se pasa lista, y uno tras otro es llamado a aquel lugar; pero si sus nombres están allí, si sabemos que ellos han sido salvos, cuán grato es, después que hayan partido, pensar que los encontraremos más tarde; que los veremos en la mañana cuando la noche haya pasado.

Durante la guerra civil un joven herido estaba acostado en su lecho y le oyeron gritar: "¡Presente!" Alguien fue a su lecho para ver qué quería y él dijo: "Escuchad: ¡Silencio! ¿No los oís?" "A quiénes", le preguntaron.

"Están pasando lista en el cielo", respondió. Poco después él repitió: "¡Presente!" y expiró.

Si nuestros nombres están en el Libro de la Vida, cuando se llamare nuestro nombre, de aquí a poco, podemos decir con Samuel: "Henos aquí, Señor Jesús", y remontar nuestro vuelo para encontrarlo. Y si se nos arrebatan nuestros hijos, cuando son aun tiernas criaturas, ¡oh! cuán dulce será pensar que ellos murieron en Cristo, que el gran Pastor los coge en sus brazos y los lleva en su seno y que los verémos en *en el más allá*.

PABLO, EL HÉROE CRISTIANO

El modo de llegar al cielo es, ser salvo por medio de la fe en Jesucristo.

Recibimos la salvación como un don, pero es necesario trabajar al mismo tiempo, y desarrollarla de igual suerte que si se nos regalase una mina de oro sería necesario que la explotáramos.

Yo no recibiré la corona porque pertenezca a alguna iglesia, ni porque concurra a todos sus cultos.

He allí a Pablo. Él recibió su corona. Él tuvo un sin número de duros conflictos; el se encontró con Satanás en muchos campos de batalla y le venció y recibió la corona. Se necesitarían como diez mil cristianos de los que tenemos hoy para hacer un solo Pablo. Cuando leo la vida de ese apóstol, me avergüenzo del cristianismo del siglo diez y nueve al pensar cuán débil y enfermiza es una gran parte de él. Mirad todo lo que Pablo sufrió. Él fue azotado cinco veces. La antigua costumbre romana de azotar consistía en amarrar las muñecas del reo y encorvar su cuerpo. Luego, con agudos pedazos de acero en forma de látigo, el soldado romano pegaba sobre las desnudas espaldas del reo, cortando su piel con esos terribles latigazos. Algunas veces expiraban los reos en el mismo hecho de ser azotados. Pero Pablo dice que él fue cinco veces azotado. Pues si nosotros recibiésemos un solo latigazo ¡qué gritos daríamos! Antes de ponerse el sol nos estarían buscando cuarenta editores, queriendo publicar narrativas de nuestras vidas para ganar dinero de esa manera. Pero Pablo dice: "Cinco veces he recibido cuarenta azotes menos uno." Para él eso no significaba nada. Poneos a su lado. Los cristianos pusilánimes podrían haberle dicho: "Pablo, te han azotado esos judíos ya cuatro veces y te van a dar otros treinta y nueve latigazos, ¿qué vas a hacer una vez que hayas salido de esta dificultad?"

— ¿Qué voy a hacer?, dice él, esto haré: Proseguiré al blanco, al premio de la soberana vocación de Dios en Cristo Jesús; voy a recibir mi corona. Él no va a perder su corona. No penséis que unos cuantos azotes me desanimarán; estas leves tribulaciones no son nada.

Y así los judíos le infligieron otros treinta y nueve azotes. El se había lanzado a la carrera por amor de Cristo, por decirlo así, y corría presuroso hacia el cielo. Si me permitís la expresión, el diablo se encontró con su digno adversario cuando encontró a Pablo. Pablo avanzaba siempre en el sendero del deber. Él nunca escribió cartas en su propia defensa. Cuanta fuerza poseía la consagró a Cristo. Jamas dio nada de ella al mundo ni a sí mismo para defenderse. "Esto hago, dijo, no voy a perder la corona. Mira que ningún hombre tome tu corona."

Tres veces fue azotado con varas. Poneos otra vez a su lado. "Pablo, te han azotado ya dos veces y lo van a hacer otra vez. ¿Qué vas a hacer? ¿Vas a continuar predicando? Si lo vas a hacer, permíteme darte un consejo: No seas tan radical, sé un poco más indulgente; emplea un lenguaje un poco más elegante y cubre la cruz con hermosas palabras y con frases más floridas, y di a los hombres que después de todo son bastante buenos, que no son tan malos; procura pacificar a los judíos, hazte amigos entre ellos, ten amistad con el mundo y el mundo te estimará más. No seas tan ferviente; no seas tan radical. Pablo; mira, toma mi consejo. ¿Qué vas a hacer?"

"¿Qué voy a hacer?, dice, voy a hacer esto: voy a proseguir hacia el blanco, hacia el premio de mi soberana vocación." Así es que se le azota, y cada azote le lleva más cerca de Dios.

Colocaos a su lado otra vez. Comienzan a apedrearle. Así mataban a los que no predicaban según el gusto de ellos. Parece como que le iban a recompensar por lo que hizo cuando apedrearon a Estéban cuando él, entónces Saulo, estimulaba a aquel populacho asesino.

Le dicen los pusilánimes:" Pablo, esto de veras es muy grave; ¿no sería mejor retractar algunas cosas que has dicho de Cristo? ¿Qué vas a hacer?"

—"¿Qué voy a hacer?, dice, si me quitan la vida recibiré la corona tanto más pronto". El no iba a retroceder ni siquiera un punto. Quería algo que el mundo no podía dar, tenía algo que no podía quitar; tenía la vida eterna, y le aguardaba una corona de gloria.

LEVES TRIBULACIONES

Tres veces sufrió naufragio, un día y una noche pasó en la mar. Contemplad a ese poderoso apóstol, un día y una noche en la mar. Allí estaba, náufrago y ¿para qué? ¿Era acaso para ganar dinero? El no buscaba dinero. El recorría las ciudades y poblaciones para predicar el glorioso evangelio de Jesucristo y para alzar la cruz do quiera que se le presentara oportunidad. Fue a Corinto y se quedó allí año y medio predicando sin que gran número de los principales ministros de Corinto estuviesen sentados a su lado mientras predicaba. No estaba con él ni uno solo. Cuando llegó a Corinto los principales comerciantes no se le acercaron para estimularle y aconsejarle. El llega allí, un pobre hacedor de tiendas, absolutamente desconocido, y lo primero que hace es buscar un lugar donde hacer una tienda. El no va al hotel, sus recursos no se lo permiten; pero va donde puede ganar su pan con el sudor de su rostro. Observad a ese insigne apóstol fabricando tiendas de campaña y luego colocándose en una esquina para predicar. Puede ser que de vez en cuando entraría en alguna sinagoga, pero los judíos le echarían presto; ellos no querían oírle predicar nada relativo a Jesús crucificado. Eso no les gustaba y le arrojaban. Después de trabajar allí año y medio, le llevaron los judíos fuera de la ciudad y le dieron treinta y nueve azotes por vía de paga. Él no recibió más paga que eso, y ellos le despacharon a la ciudad vecina.

Cuando leo la vida de un hombre tal, me ruborizo al pensar cuán débil es el cristianismo en esta época, y cuántos centenares hay que ni piensan trabajar para el Hijo de Dios, ni honrar a Cristo.

Sin embargo, cuando Pablo escribió su Epístola a los Corintios, hallamos que hace un inventario de las cosas que tenía. Es rico, dice: "En caminos muchas veces; peligros de ríos, peligros de los de mi nación, peligros de los gentiles, peligros en la ciudad, peligros en el desierto, peligros en la mar, peligros entre falsos hermanos." Eso debe haber sido lo más difícil de todo. "En trabajos y fatigas, en muchas vigilias, en hambre y sed, en muchos ayunos, en frío y en desnudez; y ademas el cuidado de todas las iglesias." He aquí una parte solamente de lo que él sufrió. ¿Sabéis lo que le hacía regocijar tan grandemente? Que creía las Escrituras; creía en el Sermón del Monte. Nosotros profesamos creerlo, decimos que lo creemos, pero pocos lo hacen más que a medias. Escuchad una sola de las sentencias de ese sermón: "Gozaos y alegraos, porque vuestra merced es grande en los cielos, cuando os persiguieren." Pues esa persecución fue casi todo lo que Pablo poseía. Ese era su capital; él había atesorado muchas persecuciones e iba a recibir una grandísima recompensa. Cristo dice: "Gozaos y alegros, porque grande es vuestra merced." Si Jesucristo la llamó grande, ha de ser maravillosa. Nosotros llamamos grandes a cosas que Jesucristo estima muy pequeñas, y cosas que para nosotros parecen ser muy pequeñas, son grandes en la vista de Jesús; y cuando Cristo, Creador de los cielos y de la tierra, Aquel que formó el universo con su omnipotencia, cuando la llama una grande merced ¿qué deberá ser?

Acaso se le decía a Pablo:

"Pablo, encuentras demasiada oposición, sufres demasiado". Oídle responder: "Porque lo transitorio y lo leve de nuestra aflicción, obra en nosotros sobremanera un eterno peso de gloria." "Lo que es leve en nuestra tribulación", dice él. Nosotros habríamos dicho, "no es verdad, es sumamente penoso y terrible."

Pero él dice, "Esto leve de mi tribulación no es nada; pensad la gloria que me espera, pensad en el tiempo en que seré coronado, pensad en la merced que me aguarda. Camino hacia allá, y el Señor me la dará cuando sea cumplido el tiempo." Eso es lo que llenó de gozo su alma, la recompensa que el Señor le iba a dar.

Amigos míos, pensemos por un momento en lo que él llegó a hacer. Pensad como él fue a vivir entre paganos, por decirlo así; él era el primer misionero que predicó el glorioso Evangelio de Jesucristo a esos hombres que estaban tan llenos de iniquidad, de enemistad y amargura; que les anunció que aquel hombre que murió fuera de los muros de la ciudad de Jerusalén, como un vil reo, un ordinario criminal a la vista del mundo, era el Cristo; les dijo que para entrar en el reino de Dios era necesario creer en aquel hombre crucificado.

Pensad en el inmenso monte de oscuridad que le tenía que traspasar; pensad en la oposición que se hacía, pensad en sus amargas persecuciones, y después compararlas con las bagatelas de nuestro camino.

CANCIONES EN LA CÁRCEL

Pero muchas personas mundanas creen que la vida

de Pablo fue infructuosa. Probablemente cuando sus enemigos le metieron en la cárcel pensaron que ya le habían hecho callar; pero yo creo que hoy Pablo agradece a Dios más las prisiones, los azotes, la persecución y la oposición que sufrió, que todo lo demás que le hubiere acontecido.

Las mismas cosas que no nos gustan, muchas veces son las mejores para nosotros.

Probablemente los cristianos no habrían tenido aquellas gloriosas epístolas, si Pablo no hubiera sido echado en la cárcel. Allí tomó su pluma y comenzó a escribir esa carta a los cristianos de Corinto. Mirad las dos epístolas que él escribió desde Filipos a los Corintios. Mirad y ved todo el bien alcanzado en el mundo por esas epístolas. Ved cuán grande bendición han sido para la iglesia de Dios, cuánta luz han proporcionado para la vida del hombre. Pero tal vez no habríamos poseído esas epístolas si no hubiera sido por la oposición.

Sin duda Juan Bunyan bendice a Dios hoy más por la cárcel en Bedford que por cualquier otra cosa que le haya sucedido. Probablemente no habríamos tenido "EL PEREGRINO" si él no hubiera sido echado en esa cárcel. Satanás creyó que había hecho gran cosa cuando encerró a Bunyan por doce años y seis meses en esa cárcel. Pero qué bendición fue para el mundo. Yo creo, pues, que Pablo bendice a Dios hoy por la cárcel de Filipos y por la oposición que él sufrió en Roma, porque esto le proporcionó tiempo para escribir esas benditas Epístolas. Alejandro hizo temblar al mundo con las huellas de sus ejércitos, así también Cesar y Napoleón; pero aquí tenemos un pobre hacedor de tiendas que, sin ejército, ha removido el mundo. ¿Por qué? Porque el Dios Omnipotente estaba con él. Dice en cierto lugar: "Mas de ninguna cosa hago caso." Le echaron en la cárcel, pero fue lo mismo; él no hizo caso. Estando en Corinto y en Atenas predicando, sucedió lo mismo. Él proseguía siempre hacia el blanco, hacia el premio de su soberana vocación. Si Dios quiso que para ganar la corona pasara por prisiones, para él era lo mismo. Le echaron en la cárcel, pero metieron juntamente al Todopoderoso con él, y él estaba unido de tal manera a Jesús que no se le podía separar. Él prefería estar encarcelado con Cristo que estar en libertad sin Él. Mil veces preferiría ser echado en la cárcel con el Hijo de Dios, y sufrir un poco de persecución aquí por algunos días, que vivir sin Él.

Fue a Macedonia. Había escuchado el ruego: "Pasa a Macedonia, y ayúdanos." Pasó allá y predicó, y lo primero que le sucedió fue que le echaron en la cárcel de Filipos. Pues si él hubiera sido tan cobarde como algunos de nosotros, habría quedado muy triste y afligido en su espíritu. Se habría quejado amargamente. Él habría dicho "La Providencia me trata de una manera singular, ¿por qué estoy aquí? Creía que el Señor me había llamado a venir acá, pero ahora estoy en una cárcel de una ciudad desconocida; ¿cómo vine a dar aquí? ¿Cómo saldré de aquí? No tengo ni dinero ni amigos; no tengo a ningún abogado, a nadie que interceda por mí, y aquí estoy!"

Pablo y Silas no solo estaban en la cárcel sino que sus pies estaban apretados en el cepo. Allí estaban, en lo más recóndito de la prisión, en un calabozo frío, oscuro y húmedo. Pero a media noche los presos oyeron sonidos extraños. Oyeron cánticos. No sé qué himnos entonarían, pero una cosa sé y es que no era un himno triste el que procedía de ese calabozo. No cantaban dolorosamente, pues la Biblia nos dice que cantaban alabanzas. Es raro eso de cantar alabanzas en una cárcel, ¿no es verdad?

Supongo que sería la hora de la oración vespertina y que al acabar de hacerla, ellos cantaron su himno nocturno. Y Dios oyó su oración y aquella antigua cárcel tembló, y sus prisiones cayeron de ellos, y quedaron abiertas las puertas de la cárcel. Sí, sí, no dudo esto: él está dando gracias a Dios en la gloria por su prisión y por la conversión del carcelero.

ARREBATADO A LA GLORIA

Pero miradle en Roma. Nerón ha firmado el decreto que le condena a muerte. Fijad los ojos en ese pequeño hombre. Es pequeño de estatura; en vista del mundo es sumamente menospreciable, el mundo le contempla con aversión y desdén. Id al palacio del rey y conversad acerca de ese reo, de Pablo, y veréis la burla en sus rostros.

"O ese es un fanático, ya se ha vuelto loco", dicen. ¡Ojalá que el mundo estuviera lleno de tales locos! Os digo que lo que necesitamos hoy es más locos del temple de él, hombres que no temen nada sino el pecado y aman supremamente a Dios.

Roma nunca vió un vencedor como él en sus límites. Roma nunca tuvo a un hombre tan poderoso dentro de sus linderos. Aunque el mundo le menospreciaba y tenía un aspecto sumamente mezquino y desfavorable, sin embargo a la vista del cielo era el más hombre poderoso que jamás anduvo en las calles de Roma. Probablemente nunca otro igual a él transitará por aquellas calles. El Hijo de Dios anduvo con él, y "la forma del Cuarto" (véase Daniel 3.25) era con él. Pero entrad en esa cárcel: allí está Pablo: vienen a él y le dicen que Nerón ha firmado su sentencia de muerte. Él no tiembla, él no tiene temor.

Si se le preguntara, "Pablo, ¿no sientes mucho haber sido tan celoso por Cristo? Esto te va a costar la vida. Si tuvieras que volver a vivir ¿darías tu vida a Jesús de Nazaret?" ¿Qué pensáis diría aquel venerable guerrero?

Mirad como se enciende su ojo mientras responde: "Si yo tuviese diez mil vidas, las daría todas a Cristo y lo único que me aflige ahora es que no comenzara antes a servirle y que no le haya servido mejor; lo único que me causa sentimiento es que haya jamás alzado mi voz contra Jesús de Nazaret."

— Pero te van a degollar.

— Pues que tomen mi cabeza; el Señor tiene mi corazón. La cabeza no me importa; el Señor tiene mi corazón y lo ha tenido desde hace años. No pueden separarme de Cristo, y aunque me degüellen, no seremos separados.

Y le sacaron fuera.

Tal vez fue muy temprano cuando le sacaron, no lo sé. La historia profana nos dice que le sacaron a un lugar que dista dos millas de la ciudad. Mirad a ese pequeño hacedor de tiendas mientras camina por las calles de Roma con paso firme. Mirad a ese gigante mientras atraviesa las calles. Está en camino para su ejecución. Venid a su lado y oíd sus palabras. Habla de la gloria que está reservada *más allá*.

Dice: "Por lo demas, me está guardada la corona de justicia. Estaré allí esta noche. Esta noche veré al Rey en su hermosura. He ansiado estar con Él, he anhelado verle. Este es el día de mi coronación."

El mundo le tenía compasión, pero él no la necesitaba. El tenía algo que el mundo no tenía; él tenía ardiendo en su corazón un amor y un celo que el mundo no conocía. ¡Oh cuán sublime el amor que Pablo tenía a Jesucristo.l

Pero ha venido la hora. La manera en que se degollaba en aquellos días era la siguiente: el reo inclinaba la cabeza y el soldado romano se la cortaba con una espada muy afilada. La hora ha sonado y, con semblante risueño en que brilla un gozo inefable, puedo ver a Pablo inclinar su bendita cabeza. Cae la espada y queda libertado su espíritu.

Si nuestros ojos pudiesen ver como veían los de Eliseo, le habríamos visto saltar en un carro de luz como Elías, y ser arrebatado al través de un espacio inconmensurable.

Miradlo mientras sube más y más alto, miradlo, ved como asciende hacia arriba, muy arriba, siempre arriba. ¡Vedlo allí! ¡Ved! El está entrando ahora en la Ciudad Eterna de los santos glorificados, el hogar inefable de los redimidos del Salvador. El premio que por tanto tiempo ha anhelado, está ya a su alcance. Ved allí las puertas y observad como se abren de par en par para recibirle. Mirad a los ángeles pregoneros, aguardándole sobre las resplandecientes murallas del cielo. Oíd el alegre sonido de su pregón:"El viene ya ¡El viene!" Y ahora entra por esas puertas de perlas y atraviesa el deslumbrante camino real, hasta que llega al mismo trono de Dios. Cristo está allí y le dice: "¡Bien hecho, buen siervo y fiel: entra en el gozo de tu Señor!"

Recapacitad sobre esas palabras: ellas son suficiente recompensa por todo lo sufrido; ¿no es verdad?

¡Oh amigos míos! Pronto llegará vuestro turno y el mío, si somos fieles. Velemos con diligencia para que nadie nos arrebate nuestra corona. Despertémonos y vistámonos de toda la armadura de Dios; apresurémonos al conflicto. Es un glorioso privilegio. Para nosotros también, lo mismo que para los santos ya glorificados de otros tiempos, se reserva este inefable saludo: "¡Bien hecho, buen siervo y fiel!"

Acerca De Dwight
L. Moody

Dwight Lyman Moody nació el 5 de febrero de 1837 en Northfield, Massachusetts. Su padre murió cuando Dwight tenía sólo cuatro años, dejando a su madre con nueve hijos a su cargo. Cuando Dwight tenía diecisiete años se fue a Boston para trabajar como vendedor. Un año más tarde fue guiado a Jesucristo por Edward Kimball, el maestro de escuela dominical de Moody. Moody pronto se fue a Chicago y comenzó a enseñar una clase de escuela dominical propia. A los veintitrés años se había convertido en un exitoso vendedor de zapatos, ganando 5.000 dólares en sólo ocho meses, lo cual era mucho dinero para la mitad del siglo XIX. Sin embargo, tras decidir seguir a Jesús, dejó su carrera para dedicarse a la labor cristiana por sólo 300 dólares al año.

D. L. Moody no era un pastor ordenado, pero era un evangelista eficaz. Una vez Henry Varley, un evangelista británico, le dijo: "Moody, el mundo todavía tiene que ver lo que Dios hará con un hombre totalmente consagrado a Él".

Moody dijo más tarde: "Con la ayuda de Dios, me propongo ser ese hombre".

Se calcula que durante su vida, sin la ayuda de la televisión o la radio, Moody recorrió más de un millón de kilómetros, predicó a más de un millón de personas y trató personalmente a más de setecientos cincuenta mil individuos.

D. L. Moody murió el 22 de diciembre de 1899.

Moody dijo una vez: "Algún día leerán en los periódicos que D. L. Moody, de East Northfield, ha muerto. ¡No crean ni una palabra de eso! En ese momento estaré más vivo que ahora. Habré subido más alto, eso es todo, fuera de esta vieja casa hecha de barro, a una casa que es inmortal; un cuerpo que la muerte no puede tocar, que el pecado no puede manchar, un cuerpo modelado como Su cuerpo glorioso. Nací de la carne en 1837. Nací del Espíritu en 1856. Lo que ha nacido de la carne puede morir. Lo que nace del Espíritu vivirá para siempre".

También Por Aneko Press

Jesús Vino Para Salvar a los Pecadores,
by Charles H. Spurgeon

Jesús vino a salvar a Pecadores es una conversación de corazón a corazón con el lector. A través de sus páginas, se examina y se trata debidamente cada excusa, cada razón y cada obstáculo para no aceptar a Cristo. Si crees que eres demasiado malo, o si tal vez eres realmente malo y pecas abiertamente o a puerta cerrada, descubrirás que la vida en Cristo también es para ti. Puedes rechazar el mensaje de salvación por la fe, o puedes elegir vivir una vida de pecado después de decir que profesas la fe en Cristo, pero no puedes cambiar la verdad de Dios tal como es, ni para ti ni para los demás. Este libro te lleva al punto de decisión, te corresponde a ti y a tu familia abrazar la verdad, reclamarla como propia y ser genuinamente liberado para ahora y para la eternidad. Ven, y abraza este regalo gratuito de Dios, y vive una vida victoriosa para Él.

Disponible donde se venden libros

La Vida Vencedora,
by Dwight L. Moody

¿Eres de los que vencen? ¿O hay pequeños pecados que te acosan y te derrotan? O peor, ¿fallas en tu anduviera cristiano porque te niegas a admitirlos y ocuparte de ellos? Ningún cristiano puede darse el lujo de desoír el llamado a vencer. El costo terrenal es menor. Pero la recompensa eterna es inconmensurable.

Disponible donde se venden libros

Cómo Estudiar la Biblia,
by Dwight L. Moody

No hay ninguna circunstancia en la vida para la que no puedas encontrar alguna palabra de consuelo en las Escrituras. Si estás en aflicción, si estás en adversidad y prueba, hay una promesa para ti. En la alegría y en la tristeza, en la salud y en la enfermedad, en la pobreza y en la riqueza, en toda condición de la vida, Dios tiene una promesa guardada en Su Palabra para ti.

Disponible donde se venden libros